“En cada página, Christina Fox extrae las capas del corazón de una madre y la ayuda a arrancar sus ídolos hasta que no quede nada más que la gracia de Dios. *Los ídolos en el corazón de una madre* es una cirugía convincente para el alma, ya que Fox trata con delicadeza nuestro corazón rebelde e indomable, y nos muestra continuamente la obra transformadora de Jesucristo, el único digno de nuestra adoración. Con preguntas agudas, humilde sinceridad y la libertad del evangelio en cada página, este libro no solo retará a las madres y les hará reflexionar, sino que les mostrará la alegría y la satisfacción que solo encontrarán en su Salvador”.

—**Laura Wifler,** cofundadora del ministerio *Risen Motherhood* y coautora de *Maternidad redimida: La esperanza del evangelio para momentos cotidianos*

“En *Los ídolos en el corazón de una madre*, Christina Fox escribe con abundante sabiduría y conocimiento teológico. Expone los ídolos con los que a menudo luchamos cuando somos madres (el control, la comodidad, los logros y la aprobación) y nos ayuda a diagnosticar el problema de nuestro propio corazón. Por encima de todo, Christina resalta la gracia de Dios, al alentar a las madres a abandonar la idolatría y encontrar la vida solo en Cristo”.

—**Melissa Kruger,** autora de *Camine con Dios durante su maternidad*

“Como madres, nunca tuvimos la intención de desplazar las buenas dádivas de Dios de su lugar legítimo a un lugar más prominente en nuestro corazón. La idolatría puede ser sutil o manifiesta, pero, sea como sea, lo que necesitamos es una cirugía del corazón. *Los ídolos en el corazón de una madre* coloca el suave bisturí del evangelio en el corazón dividido de la mujer. Cada página está saturada de pasajes de las Escrituras y solidez teológica. Me ha llevado a orar: '¡Señor, cambia mi corazón y el corazón de las mujeres para que sus vidas, hogares, iglesias y comunidades te exalten solo a ti como el Altísimo!'".

—**Karen Hodge,** coordinadora del ministerio femenino de la Iglesia Presbiteriana de los Estados Unidos

"En *Los ídolos en el corazón de una madre*, Christina Fox ofrece un estudio rico en verdades bíblicas y aplicaciones prácticas. Combina con destreza textos bíblicos, citas pertinentes de otros autores y sus propias experiencias personales para dar una idea de las luchas que cada madre enfrenta, así como de la esperanza que se encuentra en el evangelio. Las preguntas al final de cada capítulo sirven como un gran catalizador para una reflexión más profunda y un valioso diálogo. Además, cada capítulo termina con una oración que lleva a la lectora a ver el tema a la luz de un Dios santo y misericordioso. Este libro es un gran recurso para las madres que están ansiosas por cumplir el llamado de glorificar y deleitarse en Dios".

—**Stephen T. Estock,** coordinador de ministerios de discipulado cristiano de la Iglesia Presbiteriana de los Estados Unidos

"Christina Fox derrama su corazón en cada página con el anhelo de que las madres puedan tener una visión correcta de cómo Dios las ve. Con el suave estímulo de una amiga, Christina alienta a las mujeres a ser madres desde el único lugar seguro: el descanso y la plenitud en Cristo".

—**Holly Mackle,** autora de *Same Here, Sisterfriend: Mostly True Tales of Misadventures in Motherhood* y *Little Hearts, Prepare Him Room.*

"Siempre disfruto cuando leo lo que escribe Christina Fox. Sus libros son reflexivos, claros, prácticos y están llenos de la riqueza de las Escrituras. *Los ídolos en el corazón de una madre* no es diferente. Con delicada precisión, Fox expone a los dioses inferiores que residen en nuestro corazón. Y, con la sabiduría que otorga la experiencia personal, ayuda a las lectoras a derribarlos, para que Cristo pueda tener el lugar que le corresponde. Madres, si quieren aprender a odiar el pecado y amar a Cristo, este libro es para ustedes".

—**Megan Hill,** editora de The Gospel Coalition (Coalición por el Evangelio), miembro del consejo editorial de *Christianity Today,* autora de *Praying Together*

"Recientemente, pasé dos horas en la silla del dentista para la extracción de una muela por no haberme hecho un tratamiento para la caries en su debido momento. En lugar de tener que soportar algunas molestias en un procedimiento de treinta minutos para preservar la muela, fueron dos horas de intenso tironeo, presión, corte, perforación, etc., y ahora me toma el doble de tiempo comer un bistec. El libro de Christina sobre los ídolos en el corazón de una madre te causará algunas molestias espirituales momentáneas, pero en esencia es un trabajo de preservación, que, al fin y al cabo, no solo te ahorrará mucho más dolor, sino que también te sustentará con el alimento necesario y adecuado para saciar tu alma".

—**David Murray,** profesor de Antiguo Testamento y Teología Práctica de Puritan Reformed Theological Seminary, autor de *Los cristianos también se deprimen* y *Reinicia tu vida*

LOS ÍDOLOS *en el* CORAZÓN DE UNA MADRE

LOS ÍDOLOS *en el* CORAZÓN DE UNA MADRE

CHRISTINA FOX

EDITORIAL PORTAVOZ

La misión de *Editorial Portavoz* consiste en proporcionar productos de calidad —con integridad y excelencia—, desde una perspectiva bíblica y confiable, que animen a las personas a conocer y servir a Jesucristo.

Traducción: Rosa Pugliese

Las cursivas añadidas en el texto bíblico son énfasis de la autora.

EDITORIAL PORTAVOZ
2450 Oak Industrial Drive NE
Grand Rapids, Michigan 49505 USA
Visítenos en: www.portavoz.com

ISBN 978-0-8254-5958-0 (rústica)
ISBN 978-0-8254-6890-2 (Kindle)
ISBN 978-0-8254-7737-9 (epub)

1 2 3 4 5 edición / año 30 29 28 27 26 25 24 23 22 21

Impreso en los Estados Unidos de América
Printed in the United States of America

CONTENIDO

A Lisa, Marilyn y Cara:
Gracias por acompañarme en los primeros años de ser madre.

RECONOCIMIENTOS

El apóstol Pablo describió a la iglesia como un cuerpo compuesto por muchas partes. Algunas partes son más notables y visibles, mientras que otras no. De igual manera, cuando se trata de la escritura de un libro, aunque mi nombre esté en la portada, muchas otras personas ayudaron a hacerlo posible.

Gracias a Christian Focus por asumir este proyecto. Me ha encantado trabajar con los MacKenzies y su equipo, y estoy agradecida por su diligencia y labor en este libro.

Agradezco al Dr. Stephen Estock y su liderazgo, por su sabiduría y orientación. Me gusta trabajar con su equipo en CDM como editora de enCourage y contribuir en otros proyectos de discipulado. Agradezco especialmente su ayuda de leer y darme orientación teológica sobre este libro.

Gracias a Megan Hill, por su amistad y ayuda en oración. Es de aliento a la hora de escribir, y estoy agradecida por su asistencia editorial y su generosa sabiduría en este proyecto.

Gracias también a Lisa Tarplee, por su amistad espiritual

y su ayuda al leer el manuscrito. Su atención a los detalles y don para la creatividad son de valor para mí.

Gracias al pastor Paul de ECPC, por leer el manuscrito y compartir su sabiduría conmigo. Estoy agradecida por el cuidado pastoral y el liderazgo espiritual de mi iglesia.

Karen Hodge, gracias por tu continua mentoría en el ministerio y por tu aliento y apoyo en la escritura de este libro. ¡Te lo agradezco de corazón!

Gracias, a todas mis lectoras. Gracias por leer mis libros, artículos y publicaciones, y contarme sus historias. Son de gran estímulo para mí.

Un agradecimiento especial a mi familia —George, Ethan e Ian—, por sus constantes oraciones y aliento. Siempre entienden mi necesidad de espacio y tiempo para escribir, y estoy muy agradecida por su sacrificio.

A mis compañeras y amigas en las trincheras, que me brindan oración, aliento y apoyo: Lisa Tarplee, Marilyn Southwick, Cara Leger, Holly Mackle, Maryanne Helms, Debbie Locke, Amy Masters, Becky Jackson, Jen Acklen y todas las mujeres del Loft. ¡Gracias!

Sobre todo, agradezco al Señor por usarme a pesar de mis defectos y debilidades, por su firme misericordia y gracia conmigo, y su providencia en cada detalle de mi vida. ¡Nunca pensé que escribiría un libro, y menos tres! El proceso de escribir un libro nos enseña a humillarnos y santificarnos, y estoy agradecida por la forma en que el Señor usa ese proceso para ayudarme a crecer en santidad.

INTRODUCCIÓN

Cuando mis hijos eran pequeños, invitaba a un pequeño grupo de madres a reunirse en mi casa cada semana. Leíamos un libro, hablábamos del contenido y orábamos juntas. Todas estábamos en la misma etapa de la vida: éramos madres con hijos pequeños. Nuestros hijos tenían menos de cinco años y estábamos agobiadas por dificultades relacionadas con el cuidado y la crianza de los hijos, y el agotamiento. A menudo, nos sentíamos indefensas e incapaces para esa tarea. Esas reuniones semanales nos mantenían firmes y nos ayudaban a darnos cuenta de que no estábamos solas. Orábamos unas por otras, y nos alentábamos mutuamente en la fe.

Uno de los libros que leímos juntas fue *Dioses falsos* de Tim Keller. Me abrió los ojos. Nunca antes había estudiado el tema de la idolatría en profundidad. Me ayudó a ver que la idolatría es más que adorar una estatua o el amor al dinero. *Dioses falsos* me ayudó a ver cómo incluso cosas buenas pueden convertirse en ídolos. Debido a que mi vida estaba centrada en mi papel como madre, me encontré relacionando los ídolos que Keller describía en su libro con mi vida como madre. Pude ver la forma en que adoraba el éxito como madre. Vi cómo buscaba mi vida, propósito y significado en mi rol de madre. Me di cuenta de que adoraba el control en las formas en que buscaba ordenar, organizar y dominar el caos en mi vida.

Como resultado, terminé escribiendo un artículo para el ministerio Desiring God, titulado "Los ídolos en el corazón de una madre". Se trataba de los ídolos específicos de las madres. El artículo terminó publicado en el libro *Suficiente madre: La esperanza y el corazón de una madre que descansa en Dios.*

Sabía que había más cosas que quería explorar y aprender sobre este tema, y estoy agradecida de que Christian Focus me diera la oportunidad de escribir un libro al respecto.

Este no es un libro para leer a la ligera. Necesitas tomarte tu tiempo. Reflexiona y ora por tu propio corazón mientras lees. Ora por sabiduría y discernimiento. Ora por una visión espiritual para poder ver los ídolos que adoras. Y ora para que la gracia de Dios te transforme en el proceso, porque ¿no es eso lo que más necesitamos? Aprender acerca de la idolatría es una cosa, pero tener un mero conocimiento no cambia nuestras vidas. Necesitamos que el Espíritu Santo obre en nosotras y nos cambie. Necesitamos que las verdades que leemos intercepten nuestro corazón y nos cambien desde dentro hacia fuera. Solo Dios puede hacer esta profunda obra quirúrgica. La oración es parte integral para identificar la idolatría en nuestras vidas y erradicarla, por lo que te animo a orar mientras leas este libro.

Lo que puedes esperar

El primer capítulo es sobre el hecho de ser madre. Todas las madres saben lo difícil que puede esta etapa en la vida.

Cualquier expectativa que teníamos al comienzo de nuestro viaje como madres se desvaneció rápidamente al sostener por primera vez a nuestro hijo en nuestros brazos. Ser madre nos ha presionado en maneras jamás pensadas. Pero, al igual que los estiramientos físicos, aunque nos produce dolor, es para nuestro bien, Dios usa esta etapa, como otro de muchos medios, para santificarnos, y el capítulo 1 aborda esa verdad.

Los capítulos 2–4 tratan el tema de la idolatría. En el capítulo 2, veremos cómo fuimos creadas para adorar y qué sucedió con nuestra adoración en la Caída. En el capítulo 3, exploraremos la idolatría y su efecto en el corazón. En el capítulo 4, menciono preguntas específicas que puedes hacerte en tu propio corazón para ayudarte a ver y evaluar los ídolos que adoras.

Los capítulos 5–9 se centran en algunos ídolos diferentes que las madres podrían adorar. No son todos los ídolos que tienen las madres; he elegido solo algunos de los más comunes. Mientras lees, explora tu corazón y ora a lo largo de cada capítulo. Y, a medida que lo hagas, tal vez reconozcas otros ídolos.

Los capítulos finales explican la necesidad de enfrentar a los ídolos, destronarlos y volver nuestro corazón al único Dios verdadero.

Te animo a leer este libro con otras mamás y explorar la idolatría juntas en comunidad como lo hice con mi grupo de discipulado. He incluido lecturas bíblicas, preguntas y oraciones al final de cada capítulo para ayudarte en la reflexión personal y el debate en grupo.

No desperdicies la etapa de ser madre

Mamás, todas enfrentamos retos únicos y diferentes en esta etapa de nuestra vida. Es probable que los míos sean diferentes de los tuyos, y que los tuyos sean diferentes de los de otra mamá amiga tuya. Algunos días son más difíciles que otros. Algunas semanas son felices y otras son más de lo que puedes soportar. Estos años de criar a los hijos y ayudarlos a crecer en la enseñanza y amonestación del Señor nos brindan la oportunidad de crecer también. Considera las dificultades, los retos, las debilidades y las frustraciones como medios a través de los cuales Dios obra en ti, te transforma y te santifica en su gracia.

Cuando mis hijos eran pequeños, las mujeres mayores me hablaban de lo rápido que pasa esta etapa de la vida y de la necesidad de disfrutar cada momento de ella. Al mirar atrás, concuerdo con ellas. No solo deberíamos disfrutar de los preciosos momentos que tenemos con nuestros hijos, sino que también debemos aprovechar las oportunidades para nuestro propio crecimiento durante todo ese tiempo. No desperdiciemos ningún momento de esta etapa. Cada visita nocturna de un pequeño, cada berrinche en medio de la tienda de comestibles, cada interrupción en nuestra rutina y cada enfermedad inesperada es una oportunidad para que Dios nos muestre nuestra necesidad de Él. Solo Él es nuestra salvación y nuestra vida. Por mucho que lo intentemos, no podemos encontrar vida fuera de Él.

¿Me acompañas en este viaje?

En Cristo,

Christina Fox

PARTE I

LAS MADRES, LA ADORACIÓN Y LA IDOLATRÍA

1

LA OBRA SANTIFICADORA DE SER MADRE

Cada madre tiene una historia de nacimiento que contar. Ya sea el nacimiento de un bebé en un hospital o en el corazón a través de la adopción, todas tenemos una historia. Cuando nos reunimos con otras mujeres, contamos esas historias. Relatamos los acontecimientos dramáticos y, a veces, incluso los detalles explícitos que rodean el nacimiento de nuestro hijo, al igual que un soldado cuenta su experiencia en el frente de batalla.

He escuchado historias de mujeres que dieron a luz a su bebé en el automóvil, justo delante de la entrada de la sala de emergencias del hospital. He escuchado historias de mujeres que han dado a luz en la bañera de su casa. Una vez asistí al parto de una amiga en su hogar. ¡Fue increíble! Conozco amigas que han dado a luz a bebés prematuros de muy bajo peso, y luego tuvieron que esperar meses hasta que, al final, pudieron llevarlos a casa. He escuchado historias de madres que firmaron pilas de documentos, superaron un obstáculo tras otro y viajaron miles de kilómetros a otro país para finalmente sostener en sus brazos a su hijo.

Si bien el ser madre comienza con una historia de un nacimiento, hay muchas historias más que conforman la vida de una madre. Momento a momento, día tras día, la historia de una madre se desarrolla a medida que ama, cuida, cría y educa a sus hijos. Cada uno de esos momentos constituye la historia más grande que Dios está escribiendo sobre cada una de nosotras. El énfasis en toda esta etapa a menudo es cuidar y criar a los hijos. Sin embargo, la historia más grande, la historia que repasaremos y la que más nos sorprenderá, es la historia de lo que Dios hizo en y a través de nosotras como madres: cómo utilizó el hecho de ser madre para cambiarnos y transformarnos más a la semejanza de Cristo.

Esto significa que la madre de los comienzos de la historia no es la misma que la del final.

Sobre ser madre y los torbellinos

Yo también tengo una historia de un nacimiento. Y, aunque voy a obviar los detalles explícitos, contaré parte de la historia. Así es como suelo comenzar: *un huracán me convirtió en madre y desde entonces ha sido un torbellino.*

Era el otoño de 2004. Dos huracanes de categoría tres impactaron nuestra pequeña ciudad costera en unas pocas semanas. Justo cumplía nueve meses de embarazo. Hacía un calor insoportable, como cada septiembre en el sur de Florida. Estaba incómoda, como toda futura mamá, y contaba los días para poder volver a verme los dedos de los pies.

Pasé el primer huracán recluida en la casa de mis suegros a

un par de horas de distancia mientras mi esposo se presentaba a su trabajo en la estación de bomberos. Antes de conducir a la casa de mis suegros, hablé con mi médico y le pregunté dónde debía ir en caso de tener el bebé mientras estaba fuera de la ciudad. El huracán fue una tormenta enorme; le tomó un par de días cruzar el estado. Esperé estresada y ansiosa, mientras me preguntaba: *¿Será este el día? ¿Tendré a mi hijo aquí, durante la tormenta?*

La tormenta pasó sobre nosotros y regresé a casa aún embarazada. Mi automóvil estaba lleno de cajas y cajas de todo lo que atesorábamos (en su mayoría álbumes de fotos, ¿recuerdas esos álbumes?). Un par de semanas después, escuchamos noticias de que se avecinaba otra tormenta. ¡No lo podía creer! Faltaban pocos días para mi fecha de parto. ¿En serio, Señor? ¿Otra tormenta?

> *Momento a momento, día tras día, la historia de una madre se desarrolla a medida que ama, cuida, cría y educa a sus hijos.*

Esta vez, cuando el segundo huracán de categoría tres tocó tierra, nos reunimos con mi esposo y un par de otras familias en la casa de unos amigos a esperar que pasara. Estábamos preparados para una emergencia obstétrica: mi esposo tenía un equipo de obstetricia de la estación de bomberos y una de nuestras amigas era enfermera.

Felizmente, sobreviví a la tormenta sin ninguna emergencia, pero a la noche siguiente me puse de parto. El problema era que tenía que dar a luz a un bebé en una ciudad devastada por dos huracanes. No había electricidad en ningún lado. La mitad del hospital había sufrido daños. Como resultado de la tormenta, trasladaron a las personas que se estaban recuperando de una cirugía a la sala de maternidad, junto con otras mujeres que estaban de parto. Había mujeres con dolores de parto en camillas dispuestas a lo largo de los pasillos. No hace falta decir que el personal y los médicos estaban al límite de sus posibilidades.

Debido a complicaciones después del parto tuve que permanecer en el hospital unos días más. Todo era un caos a mi alrededor mientras enfermeras y médicos exhaustos trabajaban horas extras y se preguntaban por el estado de sus hogares después de la tormenta. No me permitieron sentarme en la cama y tuve que permanecer acostada durante tres días, lo que dificultaba el manejo de un recién nacido. Recuerdo haber pensado: "Nada salió como debía haber salido. Nada sucedió como esperaba".

Todo cambia

Un bebé lo cambia todo. Como sea, eso es lo que se dice. Y, en muchos sentidos, es cierto.

Cuando supe por primera vez que estaba esperando un bebé, fui de inmediato a la librería y compré *Qué puedes esperar cuando estás esperando*. Era como una biblia para futuras mamás. Leí el libro de principio a fin. Describía cada cambio que la mujer experimenta en su cuerpo durante los nueve meses de embarazo. También describía con gran detalle qué esperar durante el parto y las semanas posteriores. Seguí ese libro día a día y semana a semana, y comparaba los cambios en mi cuerpo con lo que el libro describía.

Algunos cambios que la mujer experimenta en el embarazo son obvios. Para las mujeres que darán a luz, los primeros cambios son físicos. Las futuras mamás a menudo se paran frente al espejo, se levantan la blusa y buscan su "barriga de embarazada". En poco tiempo, otras personas lo empiezan a notar y la felicitan. A medida que pasan los meses, su barriga se hace más y más grande. Este cambio es obvio. Las estrías que dañan su piel son otros de esos cambios. Sus gustos fluctuantes y su deseo de comida (o falta de ella) es otro cambio. Durante el resto de su vida, su vejiga nunca volverá a funcionar de la misma manera.

Esos son cambios físicos, pero también hay otros cambios. Ya sea que una mujer lleve un bebé nueve meses en su útero o muchos meses (a veces años) en su corazón a través de la adopción, hay cambios que todas las madres experimentan. Algunos cambios incluyen pérdida de sueño y energía, renuncia a su espacio personal, disposición de menos tiempo y dinero, e incluso el síndrome del "cerebro de mamá" que todavía sufro hoy. (Ya sabes, el fenómeno que se produce cuando entras a una habitación y te olvidas por qué estás allí, o cuando vuelves a guardar la leche en la despensa en lugar de en el refrigerador). Además, una madre tiene que cuidar y ser responsable de una nueva persona: su bebé depende de ella como jamás nadie lo ha hecho. Cuando toma decisiones sobre cómo usar su tiempo y sus recursos, tiene que tener en cuenta a su hijo.

Otro cambio que experimenta una madre es el del amor. El amor que siente por su hijo es diferente a todo lo que ha experimentado. Es un amor protector. Un amor extremo. Un amor que, de alguna manera, siente lo que su hijo necesita incluso antes que el niño lo sepa. Una madre experimenta semejante amor sacrificial, que daría y haría cualquier cosa por su hijo.

Una cosa sigue igual

Hay mucho que cambia en nuestra vida cuando nos convertimos en madre, pero una cosa que no cambia es el problema del pecado. Ha sido un problema desde el día en que Adán y Eva desobedecieron a Dios en el huerto, y desde entonces ha permanecido con nosotras. Tal pecado cortó la comunión de Adán y Eva con Dios y entre ambos, los expulsó del huerto, y trajo el pecado y la muerte a todas las cosas. Romanos 3:23 señala: "Por cuanto todos pecaron, y están destituidos de la gloria de Dios". Todos los seres humanos nacen pecadores. El pecado forma parte de nuestra naturaleza humana, heredada de nuestros primeros padres. Por eso, David escribió: "He aquí, en maldad he sido formado, y en pecado me concibió mi madre" (Salmos 51:5).

Si bien Adán fue nuestro representante en el huerto de Eden, Jesús fue nuestro representante en su vida perfecta y muerte sacrificial en la cruz. Para los que creemos por fe en Cristo como nuestro Salvador, Dios nos mira y no ve nuestro pecado, sino la justicia de Cristo. Nuestros pecados han sido perdonados; hemos sido limpiados y hechos nuevos. (Hablaremos más sobre este proceso de ser hechos nuevos en un momento). A través de la obra expiatoria de Cristo por nosotros en la cruz, hemos sido liberados del poder del pecado: ya no le pertenecemos. Sin embargo, la presencia del pecado aún permanece. Si eres una cristiana nueva, es posible que hayas notado que todavía tienes ese molesto problema del pecado en tu vida. No se ha ido, ¿verdad? La diferencia es que, en lugar de ser *lo único* que puedes hacer, con el poder del Espíritu Santo que obra en ti, ahora eres capaz de

> *Hay mucho que cambia en nuestra vida cuando nos convertimos en madre, pero una cosa que no cambia es el problema del pecado.*

no pecar. Ahora eres capaz de querer lo que Dios quiere. Para los cristianos, el pecado ya no es nuestro amo y ya no somos sus esclavos. Sin embargo, sigue residiendo en nosotros. Pasamos nuestra vida haciendo morir el pecado en nosotros. Y lo haremos hasta que muramos o Cristo regrese.

No sé tú, pero, cuando esperaba a mi primer hijo y pensaba en cómo sería el tenerlo, no tuve en cuenta el problema del pecado y cuál sería su efecto en esta nueva etapa. Antes de ser madre, imaginaba que sería como la dulce interacción entre madre e hijo que veía en los comerciales de champú para bebés. Me imaginaba abrazos, sonrisas, risas y recuerdos divertidos. Cuando soñaba con ser madre, me imaginaba que instruiría con sabiduría, respondería con paciencia y siempre sonreiría.

Y, aunque desde luego hay muchas sonrisas, abrazos y risas, también está el problema del pecado. Afecta todos los aspectos de nuestra función como madres. Está el efecto del pecado en la creación, que causa enfermedades, padecimientos y otros problemas de salud y desarrollo en nuestros hijos. Está el pecado de los demás y nuestra respuesta a su pecado, como los niños malos que molestan a nuestro hijo en el patio de recreo o el cliente de la tienda que se apresura a señalar nuestros errores como madre. Está el pecado de nuestros hijos, su obstinación y deseo por salirse con la suya. Y, por supuesto, está nuestro propio pecado. Desde nuestras respuestas impacientes e iracundas, una disciplina reaccionaria, esperar más de lo que ellos son capaces de hacer, hasta el simple hecho de no tomar las decisiones acertadas en la manera de criar a nuestros hijos, podemos ver el pecado en todas las áreas de nuestra etapa como madres.

No necesito mucho para que mi pecado haga acto de presencia. Justo esta mañana, estaba disfrutando una taza de café y leyendo mi Biblia antes de empezar el día. En medio de mi lectura, escuché pasos que bajaban por las escaleras y el grito de "¡mamá!" a todo pulmón de mi hijo. Suspiré hondo y respondí con un tono de voz irritable: "¡Qué!". (Si bien no puedes oírlo aquí, créeme, fue irritable). La verdad es que no me gustó que interrumpiera mi momento de paz y tranquilidad, y mi tono lo dejó muy claro.

Día a día, cada vez que nuestro pecado entra en conflicto con el pecado de nuestros hijos, se produce un caos total. Agrega el pecado de nuestro esposo a la mezcla y a quienquiera que viva en nuestra casa con nosotras, ¡y es un milagro que alguien haya sobrevivido desde los días de Adán y Eva!

Ser madre es difícil

Había sido uno de esos "días muy malos, nada buenos, terribles, espantosos". Uno de esos días cuando nada sale como debería. Debo de haber corregido a los niños cada cinco minutos. Tuve que mediar peleas, resolver lío tras lío, repetir instrucciones y tratar de poner orden en medio del caos. Estaba exhausta, exasperada e impaciente.

Aquella noche, sentados a la mesa, le tocó a mi hijo mayor dar las gracias. Cuando lo escuché decir: "Y Dios, ¿podrías ayudar a mamá a ser paciente con nosotros?". Me di cuenta de que yo no era la única afectada por nuestro difícil día. Yo también era parte del problema.[1]

Si bien el libro *Qué esperar* me preparó para muchas cosas, no transmitió lo difícil que es ser madre. A diferencia de los trabajos duros y difíciles que he tenido antes, la etapa como

1. Ver un artículo que escribí titulado: "Parenting is Hard for a Reason" en The Gospel Coalition: https://www.thegospelcoalition.org/article/parenting-is-hard-for-a-reason/ (consultado el 16 de mayo de 2018).

madre es avasalladora. Consume energía, tiempo, emociones, sabiduría y todo lo demás. Es un trabajo de veinticuatro horas los siete días de la semana, sin descansos, días festivos ni vacaciones. Nos desafía en nuestras áreas más débiles. Revela nuestras insuficiencias. Nos muestra cuánto no sabemos y cuán incapaces somos realmente. Y parece destacar el pecado de nuestro corazón, y magnificarlo para que podamos ver las profundidades de nuestro pecado en formas que nunca antes habíamos notado.

No es que ser madre nos *haga* más pecadoras. Más bien, saca a la superficie las áreas de pecado que no sabíamos que teníamos. Saca a la luz hábitos y patrones pecaminosos, que alguna vez pudieron haber estado en las sombras. De alguna manera, las presiones, los retos y las dificultades de ser madre hacen que el pecado que ya tenemos sea más pronunciado. Es como cuando la luz del sol entra por la ventana por el ángulo correcto y brilla sobre los muebles. Esa luz revela las capas de polvo que están sobre la mesa. Estaban allí antes, solo que no las notamos hasta que la luz brilló y las reveló. De manera similar, áreas específicas de pecado en nuestro corazón salen a la luz en esta etapa de la vida como nunca antes. Vemos y nos damos cuenta de nuevas capas y profundidades de pecado que no sabíamos que estaban allí.

La etapa como madre consume energía, tiempo, emociones, sabiduría y todo lo demás. Es un trabajo de veinticuatro horas los siete días de la semana, sin descansos, días festivos ni vacaciones.

Por ejemplo, podríamos enfrentarnos con nuestra impaciencia o irritabilidad. Antes de ser madres, tal vez no fuéramos la persona más paciente del mundo; pero, desde que somos madres, vemos cuán impacientes somos en verdad. O ser madre podría sacar a relucir una lucha con pecados como la preocupación o el sarcasmo. La tendencia a preocuparnos, que ya teníamos, podría aumentar en esta etapa, ¡quizás porque hay muchas razones para preocuparse! Ser madres también podría revelar cuánto nos gusta que las cosas sean de cierta manera: a *nuestra* manera. Para algunas, puede iluminar los pecados que hemos mantenido sepultados en los rincones oscuros más profundos de nuestro corazón. Ser madre revela, de una manera única, la verdadera naturaleza de nuestro corazón. Y, como los pañales sucios que cambiamos cada día, no es agradable.

El hecho de ser madre y la santificación

Sin embargo, hay buenas noticias en medio de las malas. Si bien ser madre ilumina nuestro pecado, no está fuera del plan perfecto de Dios para nosotras. De hecho, los pecados que vemos, los notamos porque el Espíritu está obrando en nosotras al revelarnos tales pecados. Nuestros ojos se abren a nuestra preocupación crónica o deseo de control o a algún pecado oculto, quizás por primera vez. Estos pecados se convierten en oportunidades de aprender, crecer y ser transformadas a la semejanza de Cristo.

Los teólogos llaman a este proceso de transformación "santificación". La palabra santificación significa ser apartado. Es el proceso mediante el cual Dios nos transforma a la imagen de Cristo. Los teólogos a menudo señalan que las Escrituras describen dos aspectos de la santificación. Uno se llama *santi-*

ficación posicional, que describe lo que sucede en la salvación cuando Dios nos declara justos en Cristo. "Dios santifica a los pecadores de una vez y para siempre cuando los atrae a Él, al separarlos del mundo, librarlos del pecado y de Satanás, y recibirlos para que tengan comunión con Él".[2] El segundo aspecto de la santificación es el de la *santificación progresiva*, mediante un cambio gradual "cada vez mayor de nuestra mente, nuestro corazón y nuestra vida a la imagen del Señor Jesucristo".[3]

De alguna manera, las presiones, los retos y las dificultades de ser madre hacen que el pecado que ya tenemos sea más pronunciado.

La santificación progresiva es un proceso de toda la vida. Es un trabajo en el que participamos activamente, pero principalmente es obra de Dios: "Por tanto, amados míos, como siempre habéis obedecido, no como en mi presencia solamente, sino mucho más ahora en mi ausencia, ocupaos en vuestra salvación con temor y temblor, *porque Dios es el que en vosotros produce así el querer como el hacer, por su buena voluntad*" (Filipenses 2:12-13). Pablo describe este proceso como despojarse y vestirse: "En cuanto a la pasada manera de vivir, despojaos del viejo hombre, que está viciado conforme a los deseos engañosos, y renovaos en el espíritu de vuestra mente, y vestíos del nuevo hombre, creado según Dios en la justicia y santidad de la verdad" (Efesios 4:22-24). Es un

2. J. I. Packer, *God's Words* (Grand Rapids, MI: Baker Book House, 1988), p. 177.

3. Ibíd., p. 178.

trabajo en conjunto donde, en el proceso, cooperamos con el Espíritu Santo. Como escribió R. C. Sproul: "El llamado a la cooperación involucra trabajo. Debemos trabajar en serio… Nos consuela saber que no debemos hacer este trabajo solos o por nuestros propios esfuerzos. Dios obra dentro de nosotros para lograr nuestra santificación".[4]

Al igual que la salvación, la santificación es una obra de la gracia de Dios en la que Él nos enseña: "Porque la gracia de Dios se ha manifestado para salvación a todos los hombres, enseñándonos que, renunciando a la impiedad y a los deseos mundanos, vivamos en este siglo sobria, justa y piadosamente" (Tito 2:11-12). ¡Qué asombrosa es la gracia de Dios! Nos salva por gracia, nos enseña por gracia y nos purifica por gracia. Esto debería darnos esperanza, al saber que Dios está a cargo de ese proceso y el resultado final no depende de nosotras ni de lo que hagamos. Al fin y al cabo, la obra del Espíritu Santo es conformarnos a la imagen de Cristo; Él es quien nos santifica.

Para quienes son creyentes desde hace mucho tiempo, sabemos que este proceso no es fácil. A veces es difícil. A veces es francamente doloroso. Cuando el Espíritu nos revela nuestro pecado y obra en nosotras para eliminar esos pecados, a menudo duele. Algunos de esos pecados tienen raíces profundas, que se han enredado en nuestro corazón, como una planta trepadora alrededor de un árbol. Si alguna vez has tenido una planta trepadora sobre árboles de tu jardín, sabes que da mucho trabajo eliminarla. Así es con el pecado.

---

4. R. C. Sproul, *Essential Truths of the Christian Faith* (Wheaton, IL: Tyndale Publishing, 1998), p. 124. Publicado en español por Editorial Unilit con el título *Las grandes doctrinas de la Biblia.*

Una de mis reflexiones favoritas sobre este proceso proviene de *La travesía del Explorador del Amanecer* de C. S. Lewis. *Explorador del Amanecer* es el nombre de un barco propiedad del rey Caspian de Narnia, que se fue de viaje para encontrar a los caballeros de Narnia que estaban perdidos. Lucía, Edmundo y su primo Eustaquio acompañaron a Caspian en su viaje. En un momento de la travesía, mientras el barco estaba anclado en una isla, Eustaquio se alejó de todos los demás para hacer su propia vida. Encontró una cueva llena de oro y tesoros y, en su codicia, lo deseó. Como resultado, se convirtió en un dragón, cubierto de escamas. "Eustaquio se había transformado en un dragón mientras dormía. Por dormir sobre el tesoro de un dragón y por tener pensamientos codiciosos como los de un dragón en el corazón, se había vuelto él mismo un dragón".[5]

Dios está a cargo de ese proceso y el resultado final no depende de nosotras ni de lo que hagamos.

Luego Aslan encontró a Eustaquio y le quitó la piel de dragón. Fue bastante doloroso, pero lo volvió a transformar de dragón a niño. "El primer desgarrón que hizo fue tan profundo, que pensé que había ido directo a mi corazón. Y, cuando empezó a arrancarme la piel, sentí el dolor más grande que he tenido en toda mi vida. Lo único que me dio valor para aguantar fue el placer de sentir cómo se despellejaba esa cosa".[6]

5. C. S. Lewis, The *Voyage of the Dawn Treader* (Nueva York, NY: Macmillan, 1952), p. 75. Publicado en español por Andrés Bello con el título *La travesía del Explorador del Amanecer*.

6. Ibíd., p. 90.

El autor de Hebreos señala lo siguiente sobre el proceso de despojarnos de nuestro pecado:

> Si soportáis la disciplina, Dios os trata como a hijos; porque ¿qué hijo es aquel a quien el padre no disciplina? Pero si se os deja sin disciplina, de la cual todos han sido participantes, entonces sois bastardos, y no hijos. Por otra parte, tuvimos a nuestros padres terrenales que nos disciplinaban, y los venerábamos. ¿Por qué no obedeceremos mucho mejor al Padre de los espíritus, y viviremos? Y aquéllos, ciertamente por pocos días nos disciplinaban como a ellos les parecía, pero éste para lo que nos es provechoso, para que participemos de su santidad. Es verdad que ninguna disciplina al presente parece ser causa de gozo, sino de tristeza; pero después da fruto apacible de justicia a los que en ella han sido ejercitados (Hebreos 12:7-11).

Sí, el proceso de santificación es doloroso, pero viene de la mano de nuestro Padre de amor. Es una evidencia de nuestra adopción como hijas de Dios. Mientras que nuestros padres terrenales nos disciplinaban como mejor les parecía, la disciplina de Dios es perfecta y justa. Es por nuestro bien para que crezcamos en santidad. Considera a tus propios hijos. Quizás tengas una hija a quien le encantan los dulces, pero el dentista te advirtió que no se los dieras. Tu hija te pide un dulce que el cajero del banco tiene en un tazón a su alcance, y tú le dices que no lo puede comer. Es por su propio bien; pero, para una niña que aún no comprende las consecuencias del consumo de dulces a largo plazo, no es algo bueno. Para ella, parece malo. Del mismo modo, a menudo cuestionamos la disciplina de Dios, al no ver la obra que está haciendo en nosotras a largo plazo. Sin embargo, podemos estar seguras de que su disciplina es buena y producirá santidad en nosotras.

Hace un par de años, desarrollé el mal hábito de escribir en mi computadora portátil mientras estaba sentada en el sofá. Escribí gran parte de un libro de esta manera. El problema era que la posición de mis manos causó lesiones en el tendón de mi brazo: desarrollé tendinitis o lo que comúnmente se llama "codo de tenista". Mi médico me envió a un ortopedista que me ordenó fisioterapia.

Fui al fisioterapeuta, y los ejercicios que el profesional me dio fueron dolorosos. Además, tocaba, estimulaba y hundía sus dedos fuertemente en mi brazo. ¡Fue insoportable! No obstante, como dijo mi terapeuta en respuesta a mis protestas: "Lo siento, sé que esto te duele, pero es lo que tenemos que hacer para sanarte el brazo". Para que mi brazo sanara, tuve que soportar más dolor. Varios meses después, me di cuenta de que tenía razón porque mi brazo había sanado. Es un dicho trillado, pero es cierto: "Sin sacrificio, no hay beneficio". También es cierto cuando se trata de nuestro crecimiento en la santidad, nuestra santificación. A menudo, tenemos que soportar el dolor de la disciplina o de despojarnos de nuestro pecado para crecer en la semejanza de Cristo.

En el proceso de la santificación, podemos encontrar que suceden dos cosas al parecer contradictorias. Cuanto más avanzamos en la fe, más morimos al pecado. Algunos pecados con los que luchábamos en nuestros primeros días en la fe podrían no ser un problema para nosotras. Ya no deseamos cosas que desagradan a Dios. Mientras que, al mismo tiempo, cuanto más nos acercamos a nuestro amor y fe por nuestro Dios santo y justo, más nos damos cuenta de que no somos santas y justas como Él lo es. El apóstol Pablo, a medida que crecía en su propia fe, pasó de describirse como el más pequeño de los apóstoles (1 Corintios 15:9), al más pequeño de todos los santos (Efesios 3:8), y al primero de todos los pecadores (1 Timoteo 1:15). Cuanto más conocía a Cristo, más veía su pecado. No es que se volviera más pecador, sino que creció en su comprensión de la profundidad de su pecado.

Como madres, debemos ver las dificultades y los retos que enfrentamos en esta etapa de nuestra vida como oportunidades de aprender, crecer, obedecer y ser transformadas más a la semejanza de Cristo.

Quizás podamos compararlo con mi analogía de la luz del sol que mencioné anteriormente. Muchas veces, limpio el polvo de una mesa y luego, cuando el sol comienza a ponerse en el atardecer y la luz brilla sobre la superficie de la mesa, me doy cuenta de cuánto polvo hay todavía. Aunque limpio el polvo, la luz del sol revela que allí aún hay más. De manera similar, mientras avanzo en mi lucha contra el pecado, cuanto más crezco en mi conocimiento de Dios, más me revela capas de pecado que no había notado antes. En realidad, es solo otro aspecto de su gracia para conmigo que no me revele todo mi pecado de una vez: ¿quién podría soportarlo? Poco a poco me hace más y más consciente de mi desesperada necesidad de Él. Y, al mismo tiempo, me permite continuar velando y luchando en sus fuerzas para hacer morir el pecado.

Nuestro proceso de santificación no se completará en esta vida. Haremos un gran progreso a medida que avancemos en nuestro viaje, pero no veremos el producto terminado hasta que lleguemos a la eternidad: "Estando persuadido de esto, que el que comenzó en vosotros la buena obra, la perfeccionará hasta el día de Jesucristo" (Filipenses 1:6). Aquel día, nos despojaremos de nuestro pecado de una vez por todas. Seremos como Cristo y lo veremos tal como Él es (1 Juan 3:2).

Ahora bien, ¿qué tiene que ver todo esto con el hecho de ser madres? Primero, en esta etapa, todas enfrentamos el problema de la presencia de pecado persistente en nuestra vida. En segundo lugar, ser madre es difícil. Este nuevo rol que tenemos que desempeñar está lleno de retos y exigencias como ninguna otra cosa, diferente a otras áreas de nuestra vida. En tercer lugar, ser madre es otra área de nuestra vida, que Dios usa para transformarnos. Aunque usa otras circunstancias, otros roles y lugares en nuestra vida (matrimonio, trabajo, enfermedad, sufrimiento, relaciones, incluso embotellamiento de tráfico) para cambiarnos y pulirnos, también usa nuestro papel como madres. Como tales, debemos ver las dificultades y los retos que se nos presentan en esta etapa como oportunidades de aprender, crecer, obedecer y ser transformadas más a la semejanza de Cristo.

A medida que avancemos en este libro, nos centraremos en los ídolos de nuestro corazón. La idolatría es un pecado que a menudo se revela de manera única cuando somos madres. Contempla las páginas siguientes como una oportunidad; una oportunidad para ver las cosas de las que debes "despojarte" en tu vida. También es una oportunidad para crecer en nuestra dependencia de Dios y confianza en Él, que no solo nos salvó por su gracia, sino que también nos transforma por su gracia. Y debido a que es la obra de Dios en nosotras, podemos esperar grandes cosas.

Preguntas para el corazón de una madre

1. ¿Cómo compararías tu expectativa de ser madre con tu experiencia real como madre?

____

____

____

2. ¿Notaste pecados específicos que salieron a relucir desde que eres madre? ¿Cuáles?

____

____

____

3. Lee 2 Corintios 3:18. ¿Qué significa "a cara descubierta"? ¿Cómo hemos llegado a estar a cara descubierta? ¿Quién hace la transformación?

____

____

____

4. Lee Gálatas 5:22-25. ¿Qué puede desarrollar el Espíritu en ti mientras te santifica?

____

____

____

5. Lee Colosenses 1:9-14. Haz de este pasaje tu oración personal mientras lees este libro.

Oración desde el corazón de una madre

Padre amado:

Vengo ante ti hoy desanimada y cansada. Ser madre es más difícil de lo que esperaba. Me siento débil e insuficiente. Mi corazón está lleno de preocupación por mis hijos. Muchas veces no sé qué hacer.

Si bien esta condición de debilidad e incertidumbre es difícil para mí, sé que es algo positivo. Sé que estás conmigo y que estás obrando en mí. Sé que estás haciendo cosas buenas en mi corazón e, incluso, en mi peor día, me estás transformando a la semejanza de tu Hijo.

Perdóname por tratar de vivir en mis propias fuerzas. Perdóname por mis preocupaciones y temores. Perdóname por no amar a mi familia como tú me amas. Dame fuerzas por tu gracia para vivir para ti. Ayúdame a buscarte. Ayúdame a glorificarte en esta etapa de mi vida como madre.

En el nombre de Jesús,

Amén.

2

HECHAS PARA ADORAR

Antes de ser madre, me encantaba dormir. Siempre me ha gustado. Esperaba con ansias los fines de semana para no tener que programar la alarma y poder levantarme cuando quisiera. Podía dormir fácilmente diez horas si tenía la posibilidad. ¡Quizás más!

Este amor por el sueño se vio enfrentado a grandes obstáculos cuando me convertí en madre. Los primeros meses de mi hijo recién nacido fueron difíciles. Dormía entre alimentarlo varias veces durante la noche. Seguí el ciclo nocturno que las madres conocen muy bien: darle el pecho, dormir una o dos horas, y volver a darle el pecho. Repetir.

Por la mañana, calculaba en mi mente cuántas horas totales de sueño interrumpido había tenido entre cada alimentación. "Seis. No está mal. Puedo estar bien con seis horas de sueño", me decía. A pesar de mi diálogo interior para levantarme el ánimo, no estaba bien. Estaba agotada. Con el tiempo, me obsesioné con el sueño. Era algo esquivo que cada vez estaba más lejos de mi alcance. Formulé estrategias para poder dormir más, pero incluso, cuando me acostaba a dormir, el más mínimo ruido me despertaba. A veces, aunque estuviera cansada, no podía conciliar el sueño. *"Si tan solo pudiera dormir ocho horas seguidas, sería una persona más feliz; sería una mejor madre"*, pensaba.

Se podría decir que adoraba el sueño.

En este capítulo, estudiaremos la adoración. Puesto que la idolatría tiene que ver con la adoración, debemos comenzar desde el principio y ver cómo Dios nos hizo para adorar y qué sucedió con la adoración.

Hechas para adorar

No muchas de nosotras tenemos tiempo para pensamientos existenciales o especulaciones. Por lo general, no nos sentamos a conjeturar sobre el significado o el propósito de la vida. No nos juntamos con amigas a fumar en pipa y mencionar citas de Kierkegaard, Sartre o Barth. Si lo hicimos antes de ser madres, ¡ciertamente no lo hacemos ahora!

La razón por la que Dios nos creó es para que lo glorifiquemos. Fuimos hechas para adorar a nuestro Hacedor.

Sin embargo, hay una pregunta importante que debemos responder, que sienta las bases para el tema de este libro. Esa pregunta es: *¿Por qué fuimos creadas?*

Cuando era niña, aprendí el catecismo menor de la Confesión de fe de Westminster. Todavía recuerdo algunas de las preguntas, y otras solo puedo recitarlas de manera parcial. Sin embargo, la primera pregunta quedó totalmente grabada en mi mente, y es esta: ¿Cuál es el propósito principal del hombre? O en la versión anterior: ¿Cuál es el fin principal del hombre? La respuesta es: *Glorificar a Dios y gozar de Él para siempre.*[1]

Isaías 43:7 declara: "Todos los llamados de mi nombre; para gloria mía los he creado, los formé y los hice". En este pasaje, Dios está hablando específicamente de los israelitas, pero ten en cuenta que señala "para gloria mía los he creado". En 1 Corintios 10:31 leemos que todo lo que hacemos en esta vida es para la gloria de Dios: "Si, pues, coméis o bebéis, o hacéis otra cosa, hacedlo todo para la gloria de Dios". Los dones que nos da son para su gloria: "Cada uno según el don que ha recibido, minístrelo a los otros, como buenos administradores de la multiforme gracia de Dios. Si alguno habla, hable conforme a las palabras de Dios; si alguno ministra, ministre conforme al poder que Dios da, *para que en todo sea Dios glorificado por Jesucristo*, a quien pertenecen la gloria y el imperio por los siglos de los siglos. Amén" (1 Pedro 4:10-11). Incluso las aflicciones y otras pruebas sirven para glorificar a Dios (ver Juan 9:3 y 11:4).

La razón por la que Dios nos creó es para que lo glorifiquemos. Fuimos hechas para adorar a nuestro Hacedor. El propósito de la Iglesia es proclamar su gloria en todo el mundo: "Proclamad entre las naciones su gloria, en todos los pueblos sus maravillas" (Salmos 96:3). Y, un día, cada rodilla se doblará y confesará a Jesucristo como el Señor. Un día, toda la tierra proclamará la gloria de Dios "porque la tierra

---

1. G. I. Williamson, *The Westminster Shorter Catechism: For Study Classes, Volume 1* (Phillipsburg, NJ: P & R Publishing Company, 2012), p. 1. Publicado en español por Banner of Truth con el título *La Confesión de Fe de Westminster y Catecismo Menor para clases de estudio.*

será llena del conocimiento de la gloria de Jehová, como las aguas cubren el mar" (Habacuc 2:14).

Glorificar a Dios y gozar de Él

Te preguntarás, ¿qué significa eso? ¿Cómo vivimos para glorificar a Dios? Glorificar a Dios implica reflejar su gloria. Cuando Dios creó a la humanidad, nos creó como portadores de su imagen (ver Génesis 1:26-27). El portador de una imagen representa al original, por lo tanto, representamos al original: Dios. Reflejamos, mostramos, proyectamos su imagen.

Si miramos la luna en el cielo nocturno, vemos que nos alumbra con su luz, en especial cuando hay luna llena. Sin embargo, la luna no tiene luz propia. Solo refleja la luz del sol. Eso es lo que hacemos como portadores de la imagen de Dios, reflejamos quién es Él. Como R. C. Sproul lo expresa: "La responsabilidad dada a la humanidad en la creación es dar testimonio de la santidad de Dios, ser portadores de su imagen. Fuimos hechos para ser el espejo y el reflejo de la santidad de Dios. Fuimos hechos para ser sus embajadores".[2]

Glorificamos a Dios cuando buscamos reflejarlo en todo lo que hacemos, ya sea al comer, beber o en cualquier otra cosa.

John Piper describe el glorificar a Dios de esta forma: "glorificar significa sentir, pensar y actuar de manera que refleje su grandeza, que magnifique a Dios, que dé testimonio de la grandeza suprema de todos sus atributos y la gratificante

2. R. C. Sproul, *The Holiness of God* (Carol Stream, IL: Tyndale Publishing, 1985), p. 113. Publicado en español por Editorial Unilit con el título *La santidad de Dios*.

belleza de sus multiformes perfecciones".[3] No por glorificar a Dios, lo hacemos glorioso; Él ya lo es. Cuando lo glorificamos, estamos mostrando, manifestando o declarando la gloria de Dios. Esto hace la creación: "Los cielos cuentan la gloria de Dios, y el firmamento anuncia la obra de sus manos" (Salmos 19:1).

Glorificamos a Dios cuando buscamos reflejarlo en todo lo que hacemos, ya sea al comer, beber o en cualquier otra cosa. Es lo que hacemos en nuestro trabajo cuando lo reflejamos a través de nuestra diligencia, creatividad y confiabilidad. Lo glorificamos cuando somos amables, sinceras y pacientes en nuestra manera de hablar con nuestros hijos. Lo glorificamos cuando conducimos con precaución y no respondemos con ira contra el conductor que detiene su automóvil frente a nosotras. Cuando mostramos amor por nuestros hijos al leerles la misma historia una y otra vez (¡y otra vez!), reflejamos el gran amor y la paciencia de Dios por nosotras. No importa dónde estemos y lo que hagamos, debemos vivir toda nuestra vida para la honra y la gloria de Aquel que nos creó.

La pregunta del catecismo de Westminster también señala que debemos "gozar de Él para siempre". John Piper dice que glorificamos a Dios *al* gozar de Él. Como expresa en *Sed de Dios*, "Dios se glorifica más en nosotros cuanto más satisfechos estamos en Él".[4] Cuando hallamos nuestro gozo en conocer a Dios y que Él nos conozca, Él se glorifica. Después de todo, Dios es el mayor de los tesoros. Él es la fuente y el

---

3. Desiring God Ministries. http://www.desiringgod.org/messages/glorifying-god-period (consultado el 10 de febrero de 2017).

4. John Piper, *Desiring God: Meditations of a Christian Hedonist* (Sisters, OR: Multnomah, 2003), p. 288. Publicado en español por Publicaciones Andamio con el título *Sed de Dios: Meditaciones de un hedonista cristiano*.

manantial de gozo y felicidad. Entonces, cuando lo buscamos como nuestro tesoro y nuestro galardón, lo estamos glorificando. "Me mostrarás la senda de la vida; en tu presencia hay plenitud de gozo; delicias a tu diestra para siempre" (Salmos 16:11).

No importa dónde estemos y lo que hagamos, debemos vivir toda nuestra vida para la honra y la gloria de Aquel que nos creó.

Es importante que, como madres, recordemos nuestro propósito en la vida, que recordemos por qué fuimos creadas. En nuestra vida diaria como madres, ese propósito a menudo se ve eclipsado por nuestro ajetreo con las tareas propias de esta etapa. Nos vemos envueltas en los retos, las preocupaciones y las responsabilidades de criar a nuestros hijos. Recuerda esto a medida que avancemos: fuimos hechas para adorar. Fuimos creadas para glorificar y gozar de nuestro Creador.

Dios es digno

No solo glorificar a Dios y gozar de Él es nuestro propósito o fin principal, sino glorificarlo y gozar de Él porque Él es digno. Cuando lo glorificamos, le estamos dando lo que Él es digno de recibir. Como cantan los veinticuatro ancianos ante el trono: "Señor, digno eres de recibir la gloria y la honra y el poder; porque tú creaste todas las cosas, y por tu voluntad existen y fueron creadas" (Apocalipsis 4:11). Y como Pablo escribió en su doxología:

> ¡Oh profundidad de las riquezas de la sabiduría y de la ciencia de Dios! ¡Cuán insondables son sus juicios, e inescrutables sus caminos! Porque ¿quién entendió la mente del Señor? ¿O

> quién fue su consejero? ¿O quién le dio a él primero, para que le fuese recompensado? Porque de él, y por él, y para él, son todas las cosas. A él sea la gloria por los siglos. Amén (Romanos 11:33-36).

Dios es el Hacedor y Sustentador de todas las cosas. Él es el Rey supremo, que gobierna sobre todas las cosas. Es soberano; nada sucede fuera de su conocimiento y su voluntad. Lo sabe todo y lo ve todo. Está en todas partes: nada puede hacerle frente. Es todopoderoso: nada ni nadie puede dominarlo. Es el "Yo soy el Alfa y la Omega, el principio y el fin, el primero y el último" (Apocalipsis 22:13). Es santo, justo y recto: "Justo eres tú, oh Jehová, y rectos tus juicios" (Salmos 119:137).

En el libro de Isaías, el profeta tuvo una visión del cielo. Vio al Señor en su santidad.

> En el año que murió el rey Uzías vi yo al Señor sentado sobre un trono alto y sublime, y sus faldas llenaban el templo. Por encima de él había serafines; cada uno tenía seis alas; con dos cubrían sus rostros, con dos cubrían sus pies, y con dos volaban. Y el uno al otro daba voces, diciendo: Santo, santo, santo, Jehová de los ejércitos; toda la tierra está llena de su gloria. Y los quiciales de las puertas se estremecieron con la voz del que clamaba, y la casa se llenó de humo. Entonces dije: ¡Ay de mí! que soy muerto; porque siendo hombre inmundo de labios, y habitando en medio de pueblo que tiene labios inmundos, han visto mis ojos al Rey, Jehová de los ejércitos (Isaías 6:1-5).

¿Puedes imaginar eso? ¡Lo que Isaías vio y oyó fue extraordinario! Al ver a Dios en su trono, que gobierna sobre todas las cosas, Isaías se vio a sí mismo en contraste con la santidad y la magnificencia de Dios, y respondió: "¡Ay de mí!".

R. C. Sproul comenta sobre este pasaje: "En ese instante toda su autoestima se vio sacudida. En un segundo su desnudez se descubrió ante la mirada de la norma más absoluta de santidad. Comparado con otros mortales, él podía sostener una alta opinión de sí mismo, pero apenas se midió con la norma suprema, fue destruido, moral y espiritualmente aniquilado. Se desintegró, se derrumbó".[5] Más adelante escribió: "Por primera vez en su vida, Isaías entendió quién era Dios. En ese mismo instante, por primera vez, Isaías entendió quién era Isaías".[6]

Job también tuvo un encuentro con la santidad y el poder de Dios. Job cuestionó a Dios después de sufrir y perder casi todo en su vida. La respuesta de Dios fue recordar a Job quién era:

> Entonces respondió Jehová a Job desde un torbellino, y dijo: ¿Quién es ése que oscurece el consejo con palabras sin sabiduría?… ¿Dónde estabas tú cuando yo fundaba la tierra? Házmelo saber, si tienes inteligencia. ¿Quién ordenó sus medidas, si lo sabes? ¿O quién extendió sobre ella cordel?… ¿Has mandado tú a la mañana en tus días? ¿Has mostrado al alba su lugar…? ¿Enviarás tú los relámpagos, para que ellos vayan? ¿Y te dirán ellos: Henos aquí? ¿Quién puso la sabiduría en el corazón? ¿O quién dio al espíritu inteligencia? (Job 38:1-2, 4-5, 12, 35-36).

Después de dos capítulos de estas preguntas, Job respondió: "He aquí que yo soy vil; ¿qué te responderé? Mi mano pongo

5. R. C. Sproul, p. 28.
6. Ibíd., p. 29.

sobre mi boca. Una vez hablé, mas no responderé; aun dos veces, mas no volveré a hablar" (Job 40:4-5).

Aquí hay otro ejemplo más. En Éxodo 33, Moisés pidió ver la gloria de Dios. El problema era que nadie podía ver la gloria de Dios y vivir. Dios dijo a Moisés que se escondiera en la hendidura de una roca para poder ver la gloria de Dios por detrás mientras Él pasaba. Éxodo 34 relata lo que Dios dijo cuando pasó por delante de Moisés:

Debemos maravillarnos con admiración y asombro de nuestro Dios santo. Al hacerlo, eso nos recuerda que somos criaturas hechas para adorar.

> Y pasando Jehová por delante de él, proclamó: ¡Jehová! ¡Jehová! fuerte, misericordioso y piadoso; tardo para la ira, y grande en misericordia y verdad; que guarda misericordia a millares, que perdona la iniquidad, la rebelión y el pecado, y que de ningún modo tendrá por inocente al malvado; que visita la iniquidad de los padres sobre los hijos y sobre los hijos de los hijos, hasta la tercera y cuarta generación. Entonces Moisés, apresurándose, bajó la cabeza hacia el suelo y adoró (vv. 6-8).

Todos estos pasajes revelan que Dios es digno. Es tres veces santo. Son un poderoso recordatorio para nosotras como creyentes de que solo Dios merece toda la gloria, todo el honor y toda la alabanza. Todas las personas que se han encontrado con la gloria de Dios quedaron postradas, sin poder hablar y quebrantadas. Para nosotras, como madres, vale la pena leer estos pasajes regularmente para recordar quién es Dios. No sé tú, pero, en las tareas rutinarias de mi vida cotidiana, a menudo me olvido de la magnificencia de mi Dios Creador. Cuando todo lo que veo a mi alrededor son dardos de pistolas de juguete en el piso, migajas en la mesa y ropa aún por doblar, me olvido del increíble Dios que puso las estrellas en el cielo y que usa las nubes como estrado de sus pies. A veces necesitamos tomarnos un momento para leer pasajes como el de Isaías y recordar que nuestro Dios es tres veces santo, que es digno de nuestra alabanza y adoración. Debemos maravillarnos con admiración y asombro de nuestro Dios santo. Al hacerlo, eso nos recuerda que somos criaturas hechas para adorar.

La Caída y nuestra adoración

¿Entonces qué pasó? Sabemos que fuimos creadas para adorar a Dios. Fuimos creadas para glorificarlo y gozar de Él. Fuimos creadas para reflejarlo en todo lo que hacemos. Ese es nuestro propósito en la vida. Si lo sabemos, ¿por qué no lo hacemos?

Cuando Dios creó a nuestros primeros padres, Adán y Eva, ellos lo adoraban y le daban la honra que Él se merecía. Hacían todo para su gloria: su trabajo en el huerto lo glorificaba. Su reposo del trabajo lo glorificaba. Su relación entre ellos lo glorificaba. Hallaban su gozo y felicidad en Él. Dios los conocía plenamente. Disfrutaban de estar en su presencia.

Sin embargo, un día, Satanás fue y tentó a Eva, y le dijo: "¿Conque Dios os ha dicho: No comáis de todo árbol del huerto?" (Génesis 3:1). Tergiversó la verdad, porque solo había un árbol del que tenían prohibido comer (Génesis 2:16-17). Eva entonces respondió con una verdad aún más retorcida: "Del fruto de los árboles del huerto podemos comer; pero del fruto del árbol que está en medio del huerto dijo Dios: No comeréis de él, ni le tocaréis, para que no muráis" (Génesis 3:2-3). (Dios no les prohibió tocar el árbol).

Satanás la sedujo con la promesa de ser como Dios, y el resto es historia: "Sino que sabe Dios que el día que comáis de él, serán abiertos vuestros ojos, y seréis como Dios, sabiendo el bien y el mal. Y vio la mujer que el árbol era bueno para comer, y que era agradable a los ojos, y árbol codiciable para alcanzar la sabiduría; y tomó de su fruto, y comió; y dio también a su marido, el cual comió así como ella. Entonces fueron abiertos los ojos de ambos, y conocieron que estaban desnudos; entonces cosieron hojas de higuera, y se hicieron delantales" (Génesis 3:5-7).

El pecado luego entró al mundo y, como resultado, no damos a Dios la gloria que le corresponde. No gozamos de conocerlo y que Él nos conozca. En cambio, deseamos toda la gloria para nosotros, ya que nosotros, como nuestros padres antes que nosotros, queremos ser como Dios: "Y el hombre, como fue creado originalmente, era un verdadero reflejo de la imagen de Dios porque estaba centrado en Dios y no en sí mismo. Su único pensamiento y deseo, antes que el pecado arruinara todo, era servir a Dios y deleitarse en Él. Cuando el hombre (Adán) pecó por primera vez contra Dios, todo cambió. En lugar de pensar en lo grandioso y admirable que es Dios, comenzó a pensar en sí mismo. ¡Comenzó a pensar en cómo sería si él (Adán) pudiera ser grandioso, y en cómo podría deleitarse en sí mismo!".[7]

Adoramos cualquier cosa

Después de la Caída, la humanidad aún adoraba, pero en lugar de adorar al único Dios verdadero, adoramos absolutamente

7. G. I. Williamson, p. 1.

cualquier cosa. Buscamos nuestra propia gloria. Buscamos las cosas que creemos que nos harán felices, plenas y realizadas. Buscamos falsos dioses sustitutos y les damos la honra que solo Dios merece.

Pablo relata en Romanos 1 lo que sucedió:

> Porque la ira de Dios se revela desde el cielo contra toda impiedad e injusticia de los hombres que detienen con injusticia la verdad; porque lo que de Dios se conoce les es manifiesto, pues Dios se lo manifestó. Porque las cosas invisibles de él, su eterno poder y deidad, se hacen claramente visibles desde la creación del mundo, siendo entendidas por medio de las cosas hechas, de modo que no tienen excusa. Pues habiendo conocido a Dios, no le glorificaron como a Dios, ni le dieron gracias, sino que se envanecieron en sus razonamientos, y su necio corazón fue entenebrecido. Profesando ser sabios, se hicieron necios, y cambiaron la gloria del Dios incorruptible en semejanza de imagen de hombre corruptible, de aves, de cuadrúpedos y de reptiles. Por lo cual también Dios los entregó a la inmundicia, en las concupiscencias de sus corazones, de modo que deshonraron entre sí sus propios cuerpos, ya que cambiaron la verdad de Dios por la mentira, honrando y dando culto a las criaturas antes que al Creador, el cual es bendito por los siglos. Amén (Romanos 1:18-25).

Todos hemos pecado y estamos destituidos de la gloria de Dios (Romanos 3:23). En nuestro pecado, detenemos la verdad sobre quién es Dios (Romanos 1:18). El poder y la santidad de Dios son claramente visibles en todas las cosas creadas (Romanos 1:19-20). Aunque la raza humana sabe que Dios existe y que es todopoderoso, los seres humanos son necios y rechazan a Dios. Adoran las cosas creadas en lugar de adorar al Creador. Cuando los seres humanos rechazan a Dios y adoran a dioses falsos, Dios "los entrega" a los malos deseos de sus corazones (Romanos 1:24). "Cada vez que los entrega al pecado es a causa de la idolatría, la negativa a hacer de Dios el centro y el eje de toda su existencia, de tal modo que, en la práctica, la criatura se exalta sobre el Creador. Por lo tanto, todos los pecados individuales son consecuencia de la incapacidad de admirar y alabar a Dios como el dador de todo lo bueno".[8]

Un buen ejemplo de alguien que vive para los deseos de su corazón y adora las cosas creadas es San Agustín. Antes de llegar a la fe en Cristo, vivió una vida descontrolada. Algunos podrían decir que fue un *playboy*. Él mismo describió su adolescencia de esta manera: "Porque hubo un tiempo de mi juventud en que ardí en deseos de hartarme de las cosas más bajas, y osé oscurecerme con varios y sombríos amores, y se marchitó mi hermosura, y me volví podredumbre ante tus ojos por agradarme a mí y desear agradar a los ojos de los hombres".[9]

Se recreaba con los ídolos de la vida: el sexo, el alcohol, el conocimiento, la pereza e incluso el robo. Tuvo un hijo con una concubina con quien vivió hasta que su madre encontró una esposa para él. "En lo que pecaba yo entonces era en buscar en mí mismo y en las demás criaturas, no en él, los

8. *ESV Study Bible* (Wheaton, IL: Crossway, 2008), Ubicación Kindle: 291547. Traducción libre.

9. San Agustín, *The Confessions of St. Augustine* (Nueva York, NY: Barnes and Noble, 2003), p. 22. Publicado en español por CreateSpace Independent Publishing Platform con el título *Confesiones de San Agustín*.

deleites, grandezas y verdades, por lo que caía luego en dolores, confusiones y errores".[10] Incluso probó varias religiones y siguió diferentes filosofías, pero aun así se sentía inquieto, perdido y miserable.

Amar a Dios requiere una gracia suficientemente fuerte para quebrantar nuestros corazones endurecidos y despertar nuestras almas moribundas.

Una de las citas más famosas de Agustín es: "Porque nos has hecho para ti y nuestro corazón está inquieto hasta que repose en ti".[11] *Confesiones* es la biografía que describe el peregrinaje de Agustín y su deambular inquieto hasta finalmente encontrar reposo en Cristo. Más que una biografía, en realidad, es su oración a Dios. En ella, confiesa su pecado. Hace a Dios preguntas difíciles sobre la vida. Expresa su anhelo de amar más a Dios y la razón por la que confesó sus pecados con tanto detalle: "Por amor de tu amor hago esto, recorriendo con la memoria, llena de amargura, aquellos mis caminos perversísimos, para que tú me seas dulce".[12]

Después de explorar diferentes filosofías de pensamiento, Agustín se encontró con el obispo Ambrosio, quien respondió a sus muchas preguntas sobre la Biblia. Un tiempo después de ese encuentro, recurrió al libro de Romanos y leyó: "Andemos como de día, honestamente; no en glotonerías y borracheras, no en lujurias y lascivias, no en contiendas y envidia, sino

10. Ibíd., p. 21.
11. Ibíd., p. 1.
12. Ibíd., p. 22.

vestíos del Señor Jesucristo, y no proveáis para los deseos de la carne" (Romanos 13:13-14). Luego llegó a la fe y fue bautizado.

Como alguien que sabía bien cómo era la vida de adoración a las cosas creadas en lugar de adorar al Creador, Agustín nos alienta en nuestro peregrinaje: "¡Oh caminos tortuosos! ¡Mal haya al alma audaz que esperó, apartándose de ti, hallar algo mejor! Vueltas y más vueltas, de espaldas, de lado y boca abajo, todo lo halla duro, porque solo tú eres su descanso. Mas luego te haces presente, y nos libras de nuestros miserables errores, y nos pones en tu camino, y nos consuelas, y dices: 'Corred, yo os llevaré y os conduciré, y todavía allí yo os llevaré'".[13]

El regreso a la adoración

Como señaló Agustín, Dios nos libra de nosotras mismas. Aunque nuestra adoración se dañó en la Caída, aunque nuestra naturaleza pecaminosa hace que adoremos las cosas creadas en lugar de adorar al Creador, Dios buscó una manera de redimir nuestros corazones y volverlos a Él —nuestro primer amor— a través de la muerte de su Hijo.

R. C. Sproul escribió: "Amar a un Dios santo está más allá de nuestro poder moral. La única clase de Dios que nosotros podemos amar por nuestra pecaminosa naturaleza es un dios sin santidad, un ídolo hecho por nuestras propias manos. A menos que seamos nacidos del Espíritu de Dios, a menos que Dios derrame su santo amor en nuestros corazones, a menos que Él se incline en su gracia a cambiar nuestros corazones, nosotros no lo amaremos… Amar a Dios requiere una gracia

13. Ibíd., p. 119.

suficientemente fuerte para quebrantar nuestros corazones endurecidos y despertar nuestras almas moribundas".[14]

En el momento justo, Dios envió a su Hijo como el segundo Adán, en carne y hueso, para vivir la vida que nosotros no podríamos vivir. Completamente Dios y completamente hombre, Jesucristo vivió en este mundo caído. Experimentó el quebranto de la vida en este mundo: vivió en la pobreza; conoció la pérdida y el dolor; conoció el hambre; conoció el rechazo, la tentación y el miedo. Sin embargo, nunca pecó. Jesús cumplió perfectamente la ley en representación de nosotros. Mediante la fe en lo que Él ha hecho, estamos unidos a Él, adoptados en la familia de Dios y hechos nuevos.

La obra del Espíritu en nosotros nos fortalece para hacer morir nuestra adoración idólatra y aprender a vivir, cada vez más, solo para la gloria de Dios.

En Cristo, hemos recibido una nueva vida a través del "poder de Dios, quien nos salvó y llamó con llamamiento santo, no conforme a nuestras obras, sino según el propósito suyo y la gracia que nos fue dada en Cristo Jesús antes de los tiempos de los siglos, pero que ahora ha sido manifestada por la aparición de nuestro Salvador Jesucristo, el cual quitó la muerte y sacó a luz la vida y la inmortalidad por el evangelio" (2 Timoteo 1:8-10). El evangelio señala que, gracias a Cristo, somos redimidos del pecado y purificados para vivir para Él. Estamos siendo transformados en adoradores que adoran en espíritu y en verdad. Si estás en

14. R. C. Sproul, p. 180.

Cristo, ¡estas son buenas noticias! No tenemos que adorar a dioses menores y cosas creadas. Hemos sido liberados de la esclavitud al pecado y ahora somos libres de adorar a Dios. "Al que no conoció pecado, por nosotros lo hizo pecado, para que nosotros fuésemos hechos justicia de Dios en él" (2 Corintios 5:21).

Esto significa que cuando Dios nos mira, ve la vida perfecta que Cristo vivió en representación de nosotros. Ve la justicia de Cristo y la vida que Él vivió para la gloria del Padre. Ve a Jesús en el templo, cuando lo alababa y adoraba. Ve a Jesús firme contra la tentación. Ve la vida obediente de Jesús, desde el nacimiento hasta su último aliento de vida. Ve a Jesús cuando comía, servía, trabajaba, enseñaba, amaba, descansaba, adoraba y hacía todas las cosas para la gloria de Dios. Se nos atribuye cada momento de la vida de nuestro Salvador como si lo hubiéramos hecho nosotros mismos.

Cuando Jesús ascendió al cielo, envió a su Espíritu a vivir en el corazón de los creyentes: "Mas el Consolador, el Espíritu Santo, a quien el Padre enviará en mi nombre, él os enseñará todas las cosas, y os recordará todo lo que yo os he dicho" (Juan 14:26). El Espíritu Santo ha hecho un hogar dentro de nosotros. Nos consuela, nos guía, nos convence de pecado, nos instruye e intercede por nosotros. El Espíritu nos ayuda y nos da poder para adorar y glorificar a Dios. Aunque somos tentados y a menudo cedemos al deseo de adorar cosas inferiores, la obra del Espíritu en nosotros nos fortalece para hacer morir nuestra adoración idólatra y aprender a vivir, cada vez más, solo para la gloria de Dios.

Como mencioné anteriormente, el proceso de crecimiento en la santificación implica "despojarse" y "vestirse". Debido a lo que Cristo ha hecho por nosotros, somos nuevas criaturas.

Dios nos ve como personas nuevas en nuestra santificación posicional. También tenemos que vivir esa vida nueva en nuestra santificación progresiva. El apóstol Pablo instruyó a la iglesia en Colosenses 3: "Si, pues, habéis resucitado con Cristo, buscad las cosas de arriba, donde está Cristo sentado a la diestra de Dios. Poned la mira en las cosas de arriba, no en las de la tierra. Porque habéis muerto, y vuestra vida está escondida con Cristo en Dios" (vv. 1-3). Debido a que estamos en Cristo, hemos muerto a nuestra vieja naturaleza, la naturaleza esclavizada por el pecado. En Cristo, hemos resucitado a una nueva vida. Por lo tanto, debemos buscar las cosas de Cristo. En esencia, Pablo dice: "Si crees en Cristo, eres una nueva criatura. Lo que hizo Cristo en su vida, muerte y resurrección también te sucedió a ti. Eres una nueva persona. Así que busca a Cristo".

Al igual que nuestros niños pequeños se cambian de ropa varias veces al día, debemos "despojarnos" de nuestra vieja naturaleza y "vestirnos" de la nueva naturaleza.

Pablo continuó enseñándoles a "despojarse" de la vieja naturaleza y "vestirse" de la nueva naturaleza: "Haced morir, pues, lo terrenal en vosotros: fornicación, impureza, pasiones desordenadas, malos deseos y avaricia, que es idolatría... Pero ahora dejad también vosotros todas estas cosas: ira, enojo, malicia, blasfemia, palabras deshonestas de vuestra boca. No mintáis los unos a los otros, habiéndoos despojado del viejo hombre con sus hechos, y revestido del nuevo, el cual conforme a la imagen del que lo creó se va renovando hasta el conocimiento pleno" (Colosenses 3:5, 8-10). Debemos "despojarnos" del pecado de nuestra vieja naturaleza y "vestirnos" de nuestra nueva naturaleza, la que está siendo santificada y transformada a la imagen de Cristo.

Recuerda que el proceso de santificación es la obra del Espíritu de Dios en nosotras, pero también un proceso en el que tenemos participación. Debemos buscar proactivamente crecer en santidad. Al igual que nuestros niños pequeños se cambian de ropa varias veces al día, debemos "despojarnos" de nuestra vieja naturaleza y "vestirnos" de la nueva naturaleza. Cuando reconocemos e identificamos el pecado en nuestras vidas, lo hacemos morir y recordamos que somos nuevas criaturas, resucitadas a la vida en Cristo. Debemos vivir la verdad conforme a lo que *ya somos* en Cristo.

Mamás, Cristo ha hecho posible que regresemos a la adoración para la cual fuimos creadas. Al hablar de idolatría en nuestras vidas, tenemos que descansar y confiar en esta verdad del evangelio porque, lejos de Cristo, nada podemos hacer.

Preguntas para el corazón de una madre

1. ¿Qué significa para ti que fuiste hecha para adorar, glorificar y gozar de Dios?

2. Lee Salmos 42:1-2. ¿Alguna vez tu alma se sintió así?

3. Lee Salmos 27:4. ¿Cuál es la única cosa que David desea?

4. Lee Lucas 10:38-42. Jesús también hace referencia a "una cosa". ¿Cuál es? ¿Puedes ver cómo María lo glorifica y goza de Él?

5. Considera la cita de Agustín que vimos antes: "Por amor de tu amor hago esto, recorriendo con la memoria, llena de amargura, aquellos mis caminos perversísimos, para que tú me seas dulce". Al examinar nuestro propio corazón y reflexionar en los ídolos que aceptamos, que esa sea también nuestra intención: por amor a Dios, para que Él nos sea dulce.

Oración desde el corazón de una madre

Padre amado:

Gracias por crearme. Gracias por hacerme una hija tuya. Al pensar para qué he sido hecha, me doy cuenta de lo lejos que estoy de cumplir con ese propósito. Soy una adoradora, pero, con demasiada frecuencia, adoro lo que has creado en lugar de adorarte a ti, el Creador y Sustentador de todas las cosas.

Solo tú eres digno de mi adoración. Solo tú eres Dios. Tú gobiernas sobre todas las cosas, y por tu gracia tengo vida, aliento y todo en mi vida. Perdóname por no adorarte como te mereces. Perdóname por no glorificarte en todo lo que digo y hago. Perdóname por no brillar como una luz en este mundo oscuro para que otros puedan conocerte.

Ayúdame a ver la idolatría en mi vida. Abre los ojos espirituales de mi corazón para que pueda ver los ídolos que he colocado en el trono de mi corazón. Ayúdame a lamentarme por mi idolatría y alejarme de ella.

Gracias por Jesucristo; su muerte cubre el pecado de mi adoración falsa, su justicia hace perfectamente aceptable mi adoración imperfecta y su poder me permite adorar de una manera que te agrade.

Es por Jesús y por lo que Él ha hecho por mí que puedo orar, y en su nombre clamo a ti.

Amén.

3

¿QUÉ ES LA IDOLATRÍA?

Buda. Dinero. Felicidad. Brahma. Sexo. Realización personal. Respeto. Familia. Todos estos son ídolos. Algunos son tangibles, cosas que podemos ver y tocar, otros no. Algunos son imágenes talladas y la gente se inclina a adorarlas; otros son ídolos que gobiernan el trono de nuestro corazón.

En Occidente, no solemos ver una adoración a los ídolos como lo hacen en Oriente. Si visitáramos un país como Nepal, veríamos banderas de oración que ondean al viento y, supuestamente, representan las plegarias de la gente. Si hiciéramos un viaje a la India, podríamos ver personas que se bañan en el río sagrado Ganges, con la esperanza de lavar sus pecados. Si viajáramos más al norte a varias provincias de China, nos encontraríamos con monasterios budistas donde los monjes pasan su vida en oración, meditación y estudio, con la esperanza de que una vida de disciplina y ascetismo les permita obtener suficientes méritos en esta vida para alcanzar el nirvana en el más allá. En otros lugares de Asia, podríamos encontrar personas que practican el taoísmo, que incluye la práctica de la adoración a los antepasados.

Si bien los ídolos de nuestras vidas en Occidente no están hechos de madera, piedra o metal, aun así, existen. Aunque podríamos no llevar ofrendas a una estatua, bañarnos en un río sagrado o adorar a nuestros antepasados, adoramos a nuestros propios dioses falsos. Tim Keller define un ídolo como "cualquier cosa más importante para ti que Dios, cualquier cosa que cautive tu corazón e imaginación más que Dios, cualquier cosa que busques para que te dé lo que solo Dios puede dar. Un dios falso es algo tan central y esencial para tu vida que, si lo pierdes, difícilmente sientas que vale la pena seguir viviendo. Un ídolo tiene una posición de tanto control en tu corazón que puedes invertir la mayor parte de tu pasión y energía, y tus recursos emocionales y financieros en ello sin pensarlo dos veces".[1] Tales ídolos pueden incluir, entre otros: el éxito, las relaciones, el poder, el dinero, la educación, la salud y la belleza. Todos los ídolos son cosas que buscamos para nuestra comodidad, esperanza, paz, vida, valor y salvación; cosas que solo Dios puede proporcionar.

En este capítulo, sentaremos las bases y profundizaremos en el significado de la idolatría. Esto nos preparará antes de ver los ídolos específicos del corazón de una madre.

En el monte Sinaí

Quizás recuerdes que el pueblo de Dios pasó un tiempo en Egipto. Originalmente, llegaron allí como refugiados durante

---

1. Timothy Keller, *Counterfeit Gods: The Empty Promises of Money, Sex, and Power, and the Only Hope that Matters* (Nueva York, NY: Dutton, 2009), pp. 17-18. Publicado en español por Vida con el título *Dioses falsos: Las huecas promesas del dinero, el sexo y el poder, y la única esperanza verdadera.*

una hambruna. A lo largo de varias generaciones, crecieron y se multiplicaron como nación. Faraón temía que se levantaran contra los egipcios, entonces los esclavizó.

Sin embargo, Dios escuchó su clamor y los rescató y liberó de su esclavitud. Usó a Moisés para sacar al pueblo de Egipto, y abrió un camino a través del mar para que cruzaran al otro lado. Una vez que pisaron tierra seca, se regocijaron y alabaron a Dios, y cantaron y danzaron de alegría por su rescate. Por un tiempo, no sabían si lo lograrían. Faraón y su ejército parecían tener ventaja mientras los perseguían con furia. Pensaron que seguramente los alcanzaría, pero no conocían a su Dios y lo que Él podía hacer.

Los ídolos son cosas que buscamos para nuestra comodidad, esperanza, paz, vida, valor y salvación; cosas que solo Dios puede proporcionar.

Los israelitas no sabían lo que Dios podía hacer, porque habían pasado cuatrocientos años en esclavitud. Todo lo que conocían era la vida en Egipto, donde la adoración a los ídolos proliferaba. Los egipcios tenían un dios para todo. De hecho, tenían más dioses y diosas de los que podríamos contar. Esos dioses tenían un cuerpo humano y la cabeza de un animal. Estaba el dios de los escribas, el dios de los muertos, el dios del poder y el dios del sol. Incluso cada ciudad independiente tenía su propio dios. Fue esta cultura y este hogar lo que los israelitas dejaron para seguir al único Dios verdadero.

Dios los guio a través del desierto, les dio agua de una roca y pan que aparecía en el suelo cada mañana, seis días a la semana. Los condujo al monte Sinaí, donde procedió a instruirlos en cómo debía ser su pueblo. Les enseñó lo que significaba ser un pueblo apartado de las naciones. Moisés fue a la cima del monte para recibir los Diez Mandamientos mientras el pueblo se quedó abajo en el campamento. Al pie del monte Sinaí, escucharon fuertes truenos que retumbaban desde la cima. El monte tembló; estaban aterrorizados. Y con toda la razón. De hecho, se les había indicado que ni siquiera tocaran el monte, porque si lo hacían, morirían (Éxodo 19:12-13).

El primer mandamiento que Dios le dio a Moisés fue: "No tendrás dioses ajenos delante de mí". El segundo fue: "No te harás imagen, ni ninguna semejanza de lo que esté arriba en el cielo, ni abajo en la tierra, ni en las aguas debajo de la tierra. No te inclinarás a ellas, ni las honrarás; porque yo soy Jehová tu Dios, fuerte, celoso, que visito la maldad de los padres sobre los hijos hasta la tercera y cuarta generación de los que me aborrecen, y hago misericordia a millares, a los que me aman y guardan mis mandamientos" (Éxodo 20:3-6). El tercer mandamiento era honrar el nombre de Dios y no usarlo en vano. Y el cuarto mandamiento era guardar el día de reposo y santificarlo. Los primeros cuatro de los Diez Mandamientos tienen que ver con cómo el pueblo de Dios debía adorarlo y honrarlo.

A menudo, en nuestros propios tiempos de espera en Dios, recurrimos a ídolos en busca de esperanza, comodidad y paz.

Moisés les leyó la ley de Dios y luego volvió a subir al monte para hablar con Dios. Moisés se fue por mucho tiempo, porque Dios le estaba dando todas las leyes que necesitaban para vivir como su pueblo en la tierra a la que se dirigían. También dio a Moisés instrucciones sobre cómo construir el tabernáculo y qué colocar en él. Los israelitas empezaron a preocuparse. ¿Y si Moisés no regresa? ¿Qué pasa si murió allí? Entonces, ¿qué hicieron? Olvidaron rápidamente los portentos que ocurrieron durante las plagas en Egipto, el cruce del Mar Rojo, la muerte de todos los que los perseguían y la provisión de Dios hasta ese momento de su peregrinaje.

Fueron a Aarón y le dijeron: "Levántate, haznos dioses que vayan delante de nosotros; porque a este Moisés, el varón que nos sacó de la tierra de Egipto, no sabemos qué le haya acontecido" (Éxodo 32:1). Aarón les pidió que trajeran las joyas de oro que llevaban. (Irónicamente, Dios había permitido a los israelitas obtener el botín de los egipcios antes que se marcharan, que incluía joyas de oro: ver Éxodo 3:22). Luego Aarón formó un becerro de oro y dijo: "Israel, estos son tus dioses, que te sacaron de la tierra de Egipto" (v. 4). Y luego ofrecieron holocaustos.

Israel hizo exactamente lo que Dios había prohibido, lo que acababa de grabar en las tablas de piedra sobre el monte. Al saber Dios lo que estaban haciendo, dijo a Moisés: "Anda, desciende, porque tu pueblo que sacaste de la tierra de Egipto se ha corrompido. Pronto se han apartado del camino que yo les mandé; se han hecho un becerro de fundición, y lo han adorado, y le han ofrecido sacrificios, y han dicho: Israel, estos son tus dioses, que te sacaron de la tierra de Egipto" (Éxodo 32:7-8).

Puede parecernos extraño en nuestros días modernos que alguien se haga un ídolo y luego se incline y lo adore. Es fácil ver el pecado de idolatría de los israelitas y sorprenderse de lo olvidadizos que estaban de todo lo que Dios había hecho en su vida para rescatarlos. Podríamos ver lo rápido que ignoraron los mandamientos de Dios. Sin embargo, en verdad, somos así de olvidadizos e indiferentes. Con nuestros propios ídolos, olvidamos quién es Dios y lo que ha hecho por nosotros. Nosotros también recurrimos a dioses falsos en la adoración, y violamos los mandamientos de Dios. A menudo, en nuestros propios tiempos de espera en Dios, recurrimos a ídolos en busca de esperanza, comodidad y paz.

Cuando nos preocupamos y tenemos temor del futuro, en lugar de recurrir a Dios en busca de ayuda, a menudo nos inclinamos ante el ídolo del control y tratamos de manejar las cosas que tememos. Hacemos lo mismo cuando adoramos el dinero: en lugar de recurrir a Dios en agradecimiento por lo que Él nos ha dado, confiamos en nosotros mismos. Sacrificamos nuestra vida y nuestras relaciones en aras de ganar más; dependemos del dinero para comprarnos cosas que nos hagan felices. Carecemos de generosidad, y nos aferramos fuertemente a lo que tenemos en lugar de compartirlo con otros. En lugar de encontrar el amor que necesitamos en Cristo, adoramos las relaciones y el afecto y el reconocimiento que recibimos de ellos. Podríamos manejar y manipular esas relaciones para que nos den lo que creemos que necesitamos de ellas. Dependemos de ellas para recibir amor y afecto y, cuando nos decepcionan, nos desesperamos.

Un ídolo es cualquier cosa que adoramos aparte de Dios. Como escribió Paul Tripp: "Los seres humanos son adoradores por propia naturaleza. La adoración no es algo que hacemos, sino que define quiénes somos. No se puede dividir a los seres humanos entre los que adoran y los que no lo hacen. Todos adoran; es solo una cuestión de a qué o a quién servimos".[2]

Después que los israelitas elaboraron un becerro de oro y lo adoraron, Dios envió a Moisés desde el Sinaí para tratar con ellos. Dios se enfureció en contra de los israelitas por su pecado, y dijo a Moisés que los destruiría (Éxodo 32:9-10).

"Los seres humanos son adoradores por propia naturaleza. La adoración no es algo que hacemos, sino que define quiénes somos" (Paul Tripp).

Moisés intervino y medió a favor del pueblo. Entonces Moisés pidió a Dios que tuviera compasión de ellos.

> Oh Jehová, ¿por qué se encenderá tu furor contra tu pueblo, que tú sacaste de la tierra de Egipto con gran poder y con mano fuerte?... Acuérdate de Abraham, de Isaac y de Israel tus siervos, a los cuales has jurado por ti mismo, y les has dicho: Yo multiplicaré vuestra descendencia como las estrellas del cielo; y daré a vuestra descendencia toda esta tierra de que he hablado, y la tomarán por heredad para siempre (Éxodo 32:11, 13).

Dios tuvo compasión de ellos. Moisés presagió lo que finalmente Cristo haría: hacer que estemos en paz con Dios.

---

2. Paul Tripp, *Instruments in the Redeemer's Hands: People in Need of Change Helping People in Need of Change* (Phillipsburg, NJ: P & R Publishing, 2002), p. 44. Publicado en español por Publicaciones Faro de Gracia con el título *Instrumentos en las manos del Redentor: Cómo personas necesitadas de transformación pueden ayudar a otros necesitados de transformación.*

¿Ley o gracia?

En este momento, podrías estar pensando: "¿Por qué todo este asunto de los Diez Mandamientos? No estamos bajo la ley, sino bajo la gracia". Es cierto, estamos bajo la gracia. El apóstol Pablo escribió que la ley servía para mostrar nuestra necesidad de la gracia. Sin la ley, no conoceríamos nuestra pecaminosidad y no veríamos nuestra necesidad de uno que cumpliera la ley a la perfección.

> Entonces, ¿para qué sirve la ley? Fue añadida a causa de las transgresiones, hasta que viniese la simiente a quien fue hecha la promesa; y fue ordenada por medio de ángeles en mano de un mediador. Y el mediador no lo es de uno solo; pero Dios es uno. ¿Luego la ley es contraria a las promesas de Dios? En ninguna manera; porque si la ley dada pudiera vivificar, la justicia fuera verdaderamente por la ley. Mas la Escritura lo encerró todo bajo pecado, para que la promesa que es por la fe en Jesucristo fuese dada a los creyentes. Pero antes que viniese la fe, estábamos confinados bajo la ley, encerrados para aquella fe que iba a ser revelada. De manera que la ley ha sido nuestro ayo, para llevarnos a Cristo, a fin de que fuésemos justificados por la fe. Pero venida la fe, ya no estamos bajo ayo, pues todos sois hijos de Dios por la fe en Cristo Jesús (Gálatas 3:19-26).

Cuando decimos que no estamos bajo la ley, significa que no somos salvos por cumplir la ley. Dios sabía que no podíamos cumplir la ley incluso cuando la grabó sobre una tabla de piedra en el monte Sinaí. Moisés predijo en Deuteronomio 31:29 que los israelitas violarían la ley. A pesar de eso, la ley tenía un propósito: mostrarnos los reglamentos de Dios, enseñarnos quién es Dios, señalarnos el pecado y nuestra necesidad de Cristo.

Con la llegada del Mesías prometido, ahora estamos bajo la gracia: somos salvos por gracia a través de la fe en Jesús. Como Martín Lutero argumentó en su libro *La esclavitud de la voluntad,* "el efecto, la obra y el oficio de la ley, debe ser una luz para los ignorantes y los ciegos; tal luz, que les revela la enfermedad, el pecado, la maldad, la muerte, el infierno y la ira de Dios; no los libra de tales cosas, sino que solo se las muestra. Así pues, cuando un hombre llega al conocimiento de la enfermedad del pecado, se abate, se aflige, más aún se desespera: la ley no lo ayuda, y mucho menos puede ayudarse a sí mismo. Necesita otra luz, que pueda mostrarle el remedio. Es la voz del evangelio, que revela a Cristo como el Libertador de todos estos males".[3]

Tenemos que recurrir al evangelio y apropiarnos de lo que Cristo hizo por nosotros constantemente, en todo momento.

Puesto que somos salvos por gracia y no por cumplir la ley, ¿significa que podemos ignorar los mandamientos de Dios? ¿Significa que obedecer a Dios no importa? No. Pablo escribió en Romanos: "¿Qué, pues? ¿Pecaremos, porque no estamos bajo la ley, sino bajo la gracia? En ninguna manera" (Romanos 6:15). De hecho, continuar en el pecado es negar lo que Cristo ha hecho por nosotros: "En ninguna manera.

3. Martín Lutero, *The Bondage of the Will* (Greensboro, NC: Legacy Publications, 2011), Ubicación Kindle: 3728. Publicado en español por Chapel Library con el título *La esclavitud de la voluntad.*

Porque los que hemos muerto al pecado, ¿cómo viviremos aún en él? ¿O no sabéis que todos los que hemos sido bautizados en Cristo Jesús, hemos sido bautizados en su muerte? Porque somos sepultados juntamente con él para muerte por el bautismo, a fin de que como Cristo resucitó de los muertos por la gloria del Padre, así también nosotros andemos en vida nueva" (Romanos 6:2-4).

Entonces, en cuanto a los Diez Mandamientos y qué relevancia tienen para nosotros hoy como creyentes, vienen a ser la instrucción de Dios para nosotros en lo que parece ser para su honra y obediencia. Sabemos que somos pecadores que no lo obedecemos perfectamente, pero tenemos un gran Salvador que obedeció la ley a la perfección por nosotros. Por eso, el evangelio es tan importante. No solo nos arrepentimos y creemos cuando llegamos a la fe; debemos arrepentirnos y practicar el evangelio en nuestra vida todos los días. Tenemos que recurrir al evangelio y apropiarnos de lo que Cristo hizo por nosotros constantemente, en todo momento. Cuando no amamos a Dios con todo nuestro corazón, tenemos que confesar nuestro pecado y apartarnos de él, con la confianza en Cristo como nuestro mediador. Cuando nos damos cuenta de que estamos adorando a un ídolo, debemos confesarlo y arrepentirnos. Y repetir el proceso, como se suele decir. Esta es la vida de un cristiano.

Los que estamos en Cristo estamos unidos a Él. Hemos muerto al pecado y ahora vivimos en justicia: la justicia de Cristo. Por consiguiente, ya no estamos esclavizados por nuestro pecado. Esto significa que somos libres para obedecerlo. A través del Espíritu que obra en nosotros, podemos crecer en nuestro amor por Dios. Podemos dejar de adorar las cosas creadas para adorar a Aquel que creó todas las cosas: "Así también vosotros consideraos muertos al pecado, pero vivos para Dios en Cristo Jesús, Señor nuestro. No reine, pues, el pecado en vuestro cuerpo mortal, de modo que lo obedezcáis en sus concupiscencias; ni tampoco presentéis vuestros miembros al pecado como instrumentos de iniquidad, sino presentaos vosotros mismos a Dios como vivos de entre los muertos, y vuestros miembros a Dios como instrumentos de justicia. Porque el pecado no se enseñoreará de vosotros; pues no estáis bajo la ley, sino bajo la gracia" (Romanos 6:11-14).

Esto significa que la idolatría no tiene la última palabra, sino el evangelio.

Un asunto del corazón

Si bien gran parte de la idolatría que se menciona en la Biblia es de imágenes reales hechas de madera o piedra, en el libro de Ezequiel, Dios dijo que los ancianos de Israel colocaron ídolos en el trono de su corazón: "Hijo de hombre, estos hombres han puesto sus ídolos en su corazón, y han establecido el tropiezo de su maldad delante de su rostro. ¿Acaso he de ser yo en modo alguno consultado por ellos?" (Ezequiel 14:3). La Biblia a menudo se refiere al "corazón" del hombre. Antes de ir más allá, es importante comprender qué significa este término. Cuando la Biblia habla del corazón humano, no se refiere a nuestro corazón real, el que late en nuestro pecho y mantiene vivo nuestro cuerpo. Tampoco se refiere a los dulces o bombones en forma de corazón que obsequiamos a los que amamos el Día de San Valentín. La Biblia usa el término "corazón" para referirse a nuestro ser interior, quiénes somos como persona, nuestra identidad. Quienes somos realmente.

Este ser interior incluye nuestros pensamientos, nuestros deseos, nuestros sentimientos, nuestra personalidad, nuestros motivos e intenciones, y las decisiones que tomamos. "Como en el agua el rostro corresponde al rostro, así el corazón del hombre al del hombre" (Proverbios 27:19). "Sobre toda cosa guardada, guarda tu corazón; porque de él mana la vida" (Proverbios 4:23). *Lo que adoramos, lo adoramos en nuestro corazón.*

Al ser pecadores, nuestro corazón es propenso al pecado. Lo que necesitamos es un nuevo corazón. Dios prometió esto en el libro de Ezequiel: "Y les daré un corazón, y un espíritu nuevo pondré dentro de ellos; y quitaré el corazón de piedra de en medio de su carne, y les daré un corazón de carne, para que anden en mis ordenanzas, y guarden mis decretos y los cumplan, y me sean por pueblo, y yo sea a ellos por Dios" (Ezequiel 11:19-20). Esto es lo que el Espíritu hace en nosotros cuando despierta nuestro corazón muerto a la vida. Nos da un corazón nuevo, un corazón capaz de responder a Dios con fe, y vivir para amar y obedecer a Dios. Los teólogos llaman a este despertar "regeneración". "Pero Dios, que es rico en misericordia, por su gran amor con que nos amó, aun estando nosotros muertos en pecados, nos dio vida juntamente con Cristo" (Efesios 2:4-5).

El trono de nuestro corazón

En Marcos 12, un escriba preguntó a Jesús cuál era el primer mandamiento. Jesús le respondió: "El primer mandamiento de todos es: Oye, Israel; el Señor nuestro Dios, el Señor uno es. Y amarás al Señor tu Dios con todo tu corazón, y con toda tu alma, y con toda tu mente y con todas tus fuerzas. Este es el principal mandamiento. Y el segundo es semejante: Amarás a tu prójimo como a ti mismo. No hay otro mandamiento mayor que éstos" (vv. 29-31). Jesús dijo al escriba que amara a Dios con todo lo que él es, no solo externamente mediante sus acciones y comportamiento, sino también internamente con todo su corazón. Además, resumió los Diez Mandamientos en estas dos declaraciones. La primera mitad de la ley tiene que ver con el amor a Dios, la otra mitad con el amor al prójimo.

En Mateo 19, un joven rico fue a Jesús y le preguntó:

> Maestro bueno, ¿qué bien haré para tener la vida eterna? Él le dijo: ¿Por qué me llamas bueno? Ninguno hay bueno sino uno: Dios. Mas si quieres entrar en la vida, guarda los mandamientos. Le dijo: ¿Cuáles? Y Jesús dijo: No matarás. No adulterarás. No hurtarás. No dirás falso testimonio. Honra a tu padre y a tu madre; y, amarás a tu prójimo como a ti mismo. El joven le dijo: Todo esto lo he guardado desde mi juventud. ¿Qué más me falta? Jesús le dijo: Si quieres ser perfecto, anda, vende lo que tienes, y dalo a los pobres, y tendrás tesoro en el cielo; y ven y sígueme. Oyendo el joven esta palabra, se fue triste, porque tenía muchas posesiones (Mateo 19:16-22).

En respuesta a la pregunta del joven, Jesús enumeró las instrucciones de la segunda mitad de los Diez Mandamientos. Omitió los mandamientos que tienen que ver con el amor a Dios. Aunque el joven había mostrado ser justo en su comportamiento externo hacia los demás, internamente no estaba consagrado a Dios. No amaba a Dios con todo su corazón; amaba más sus riquezas. Por eso, cuando Jesús le dijo que vendiera todo lo que poseía y lo siguiera, no pudo hacerlo. Su amor por las riquezas era su ídolo.

En otra parte de las Escrituras, Jesús dijo: "Ningún siervo

puede servir a dos señores; porque o aborrecerá al uno y amará al otro, o estimará al uno y menospreciará al otro. No podéis servir a Dios y a las riquezas" (Lucas 16:13). El joven rico no podía amar a Dios y a sus riquezas. Del mismo modo, no podemos amar y servir a Dios, y amar y servir a otras cosas. Es uno o lo otro. Como escribió Kyle Idleman: "Cuando escuchamos a Dios decir: 'No tendrás dioses ajenos delante de mí', lo pensamos en términos de una jerarquía, o sea que Dios siempre esté en primer lugar, pero no hay lugares. Dios no está interesado en competir contra otros o ser el primero entre muchos. Dios no será parte de ninguna jerarquía... Él es Dios, y no hay otros candidatos para ese puesto. No hay dioses parciales, dioses honorarios, dioses interinos ni asistentes de dioses regionales".[4]

Cuando el pueblo de Dios recurre a la adoración a los ídolos, está rompiendo su pacto con Él, así como un cónyuge infiel rompe su pacto cuando comete adulterio.

Este es el tipo de idolatría que cometen los cristianos. Mientras que los no regenerados (o no creyentes) no tienen amor por Dios y todo su afecto es por los dioses falsos, como creyentes amamos y adoramos a Dios por gracia a través de la fe; confiamos en lo que Cristo ha hecho por nosotros en la cruz, pero ponemos a Dios en una jerarquía. A menudo, adoramos a Dios *más* otra cosa. Ponemos nuestra esperanza

4. Kyle Idleman, *Gods at War: Defeating the Idols that Battle for Your Heart* (Grand Rapids, MI: Zondervan, 2013), p. 23. Publicado en español por Editorial Vida con el título *Dioses en guerra: Cómo derrotar a los ídolos que combaten por apoderarse de tu corazón.*

y confianza en Dios *más* un mejor trabajo. Buscamos a Dios *más* una relación gratificante. Encontramos nuestro significado en Dios *más* el hecho de ser madre, pero solo Dios es el único Dios verdadero. No compartirá el trono de nuestro corazón con nada ni nadie más.

Al analizar los ídolos de las madres, consideraremos las cosas que agregamos a nuestra adoración a Dios, aquellas cosas en las que ponemos nuestra esperanza y confianza *además* de nuestro amor y adoración a Dios.

La idolatría es adulterio

¿Por qué Dios no comparte el trono de nuestro corazón con nada más? Porque la idolatría es adulterio. La Biblia a menudo compara la idolatría con el adulterio. El adulterio se produce cuando un esposo o esposa engaña a su cónyuge con otra persona. Tienen una relación de pacto, un compromiso, entre los cónyuges. Cuando se engañan, están rompiendo ese compromiso.

Dios se refiere a sí mismo como nuestro esposo: "Porque tu marido es tu Hacedor; Jehová de los ejércitos es su nombre; y tu Redentor, el Santo de Israel; Dios de toda la tierra será llamado" (Isaías 54:5). Como un marido celoso cuya esposa tuvo una aventura, Dios es celoso de nuestro corazón. De hecho, ese es uno de los nombres que Él se atribuye: "Porque no te has de inclinar a ningún otro dios, pues Jehová, cuyo nombre es Celoso, Dios celoso es" (Éxodo 34:14). Cuando el pueblo de Dios recurre a la adoración a los ídolos, está rompiendo su pacto con Él, así como un cónyuge infiel rompe su pacto cuando comete adulterio: "Y Jehová dijo a Moisés: He aquí, tú vas a dormir con tus padres, y este pueblo se levantará y fornicará tras los dioses ajenos de la tierra adonde va para estar en medio de ella; y me dejará, e invalidará mi pacto que he concertado con él" (Deuteronomio 31:16). De hecho, la respuesta de Dios y la descripción de la idolatría de Israel se parece a la de un cónyuge: "... yo me quebranté a causa de su corazón fornicario que se apartó de mí, y a causa de sus ojos que fornicaron tras sus ídolos" (Ezequiel 6:9).

En el libro de Oseas, Dios mandó al profeta casarse con una ramera, Gomer (Oseas 1:2). Su matrimonio fue una parábola en la que vivió lo que Israel le estaba haciendo a Dios en su adulterio con otros dioses. El matrimonio de Oseas era un paralelo de la relación de Israel con Dios. Incluso los hijos de Oseas recibieron nombres que representan el castigo de Dios para Israel (ver Oseas 1:4, 6, 8). Tal paralelo se ve de manera más vívida en este pasaje: "Me dijo otra vez Jehová: Ve, ama a una mujer amada de su compañero, aunque adúltera, como el amor de Jehová para con los hijos de Israel, los cuales miran a dioses ajenos, y aman tortas de pasas. La compré entonces para mí por quince siclos de plata y un homer y medio de cebada" (Oseas 3:1-2).

Dios dijo a Oseas que castigaría a Israel por su idolatría: "Y ahora descubriré yo su locura delante de los ojos de sus amantes, y nadie la librará de mi mano... Y la castigaré por los días en que incensaba a los baales, y se adornaba de sus zarcillos y de sus joyeles, y se iba tras sus amantes y se olvidaba de mí, dice Jehová" (Oseas 2:10,13). Lo hizo mediante el exilio.

Dios profetizó que llegaría el día cuando Él extendería su gracia y misericordia a Israel: "En aquel tiempo, dice Jehová, me llamarás Ishi [Mi marido], y nunca más me llamarás Baali [Mi señor]. Porque quitaré de su boca los nombres de los baales, y nunca más se mencionarán sus nombres... Y te desposaré conmigo para siempre; te desposaré conmigo en justicia, juicio, benignidad y misericordia. Y te desposaré conmigo en fidelidad, y conocerás a Jehová" (Oseas 2:16-17, 19-20). Ese día ha llegado en la persona y obra de Jesucristo. Él rescató y redimió a su esposa, la iglesia. Nos liberó de nuestra servidumbre y esclavitud a los ídolos. Nos unió a Él por la fe, como una esposa para su esposo. Y un día veremos a nuestro Esposo cara a cara: "Gocémonos y alegrémonos y démosle gloria; porque han llegado las bodas del Cordero, y su esposa se ha preparado" (Apocalipsis 19:7).

La relación entre el pecado y la idolatría

Me encantan las antigüedades; colecciono cosas viejas, *vintage* y antiguas. A menudo, me imagino a las personas que podrían haber usado un artículo, para qué lo usaron y cómo era su vida en el pasado.

Hace varios años, en una de mis visitas a una tienda de antigüedades, encontré una ventana antigua. Estaba en el fondo de la tienda, sobre un montón de ventanas viejas. La ventana estaba cubierta de pintura en aerosol naranja y negra. Tenía capas y capas de pintura. ¡Supongo que por eso pude comprar la ventana por solo cinco dólares!

La llevé a casa y comencé el proceso de eliminación de todas las capas de pintura. Fue un proceso laborioso de quitar cada capa, una por una; pero cuando llegué al final, por fin pude ver el color original de la ventana. Hoy cuelga sobre la pared de mi casa, un recordatorio de lo que a menudo se esconde debajo de las capas de la vida.

Cuando miramos el pecado de nuestra vida, tales pecados están en la capa superior, como las capas de pintura de mi ventana. Cuando miramos debajo de esos pecados, vemos el núcleo de ese pecado: la idolatría.

R. C. Sproul escribió en *La santidad de Dios*: "El pecado es una traición cósmica. El pecado es una traición en contra de un Soberano puro y perfecto. Es un acto de suprema ingratitud hacia Aquel a quien le debemos todo, Aquel que nos ha dado la vida misma".[5] Cuando consideramos los pecados que cometemos, todos son pecados en contra de Dios. Incluso los que cometemos contra los demás. Por eso, cuando David pecó contra Betsabé y Urías, se lo confesó a Dios: "Contra ti, contra ti solo he pecado, y he hecho lo malo delante de tus ojos; para que seas reconocido justo en tu palabra, y tenido por puro en tu juicio" (Salmos 51:4).

Mientras que los que no están en Cristo están esclavizados por sus deseos y no pueden hacer nada más que buscar tales deseos, los que estamos en Cristo hemos sido liberados de nuestra vieja naturaleza pecaminosa.

Nuestros pecados son actos de rebeldía en contra de nuestro Creador. Son declaraciones a Dios y al mundo que nos rodea, que proclaman: "Yo sé lo que tengo que hacer. Puedo hacer lo que quiero. Dios no puede decirme qué hacer". Como el primer pecado en el huerto, queremos ser como Dios. Cuando pecamos, afirmamos que Dios no es Dios; más bien nosotros lo somos. En ese momento, no estamos honrando a Dios como Dios, en cambio, nos estamos sentando en el

5. R. C. Sproul, *The Holiness of God* (Carol Stream, IL: Tyndale Publishing, 1985), p. 115. Publicado en español por Editorial Unilit con el título *La santidad de Dios*.

trono. El pecado se rebela contra el primer mandamiento de adorar solo a Dios. Como escribió Paul Tripp: "El pecado es fundamentalmente idólatra. Hago cosas malas porque mi corazón desea algo más que el Señor. El pecado produce una propensión a la idolatría en todos nosotros. Todos emigramos del culto y el servicio al Creador hacia la adoración y el servicio a la cosa creada. Esta es la gran guerra espiritual que yace debajo de cada batalla de la conducta: la guerra por el control del corazón".[6]

Santiago nos ayuda a ver que el pecado comienza en el corazón, con nuestros deseos: "Cuando alguno es tentado, no diga que es tentado de parte de Dios; porque Dios no puede ser tentado por el mal, ni él tienta a nadie; sino que cada uno es tentado, cuando de su propia concupiscencia es atraído y seducido. Entonces la concupiscencia, después que ha concebido, da a luz el pecado; y el pecado, siendo consumado, da a luz la muerte" (Santiago 1:13-15).

Los malos deseos de nuestro corazón dan a luz el pecado. Más adelante, Santiago continúa diciendo: "¿De dónde vienen las guerras y los pleitos entre vosotros? ¿No es de vuestras pasiones, las cuales combaten en vuestros miembros? Codiciáis, y no tenéis; matáis y ardéis de envidia, y no podéis alcanzar; combatís y lucháis, pero no tenéis lo que deseáis, porque no pedís. Pedís, y no recibís, porque pedís mal, para gastar en vuestros deleites. ¡Oh almas adúlteras! ¿No sabéis que la amistad del mundo es enemistad contra Dios? Cualquiera, pues, que quiera ser amigo del mundo, se constituye enemigo de Dios" (4:1-4). El pecado surge del deseo de cosas malas, cosas opuestas a Dios y su voluntad. Elyse Fitzpatrick

6. Paul Tripp, p. 66.

señala: "Nuestros anhelos y deseos son cruciales para el estudio de la idolatría porque indican y canalizan la adoración. Son la fuerza que impulsa todo lo que hacemos".[7]

Por ejemplo, no es necesariamente malo desear una casa propia. Necesitamos un refugio sobre nuestras cabezas para protegernos del clima. Necesitamos un lugar seguro donde dormir y estar a salvo de aquellos que tienen la intención de hacernos daño. Digamos que empezamos a buscar casas con un agente inmobiliario. Quizás encontremos una casa que sea adecuada y se ajuste a las necesidades de nuestra familia. Hacemos una oferta para la casa. Estamos muy entusiasmadas con esa casa y soñamos con todo lo que sucederá allí. Imaginamos vacaciones con familiares y amigos. Nos imaginamos a nuestros hijos que crecerán allí. Planificamos cómo la decoraremos y elegiremos colores de pintura para todas las habitaciones.

Cristo es todo lo que necesitamos; Él es la fuente de nuestra alegría y felicidad y el sentido de nuestra vida.

Entonces, inesperadamente, el acuerdo fracasa. Estamos devastadas. Era la casa de nuestros sueños y ahora la perdimos. Comenzamos a desesperarnos. Creemos que nunca volveremos a encontrar una casa tan hermosa o perfecta. Incluso podríamos estar enojadas con los propietarios por haber hecho que el acuerdo fracase. Tal desesperación y enojo revela que un buen deseo (una casa) se convirtió en un deseo malo.

---

7. Elyse M. Fitzpatrick, *Idols of the Heart: Learning to Long for God Alone, Revised Edition* (Phillipsburg, NJ: P & R Publishing, 2016), p. 138. Publicado en español por Poiema Publicaciones con el título *Ídolos del corazón: Aprendiendo a anhelar solo a Dios.*

La casa se había convertido en un ídolo de nuestro corazón que adorábamos y que pensábamos que nos traería felicidad. Amamos la casa más que a Dios.

Nuestra idolatría proviene de nuestros deseos desmedidos, nuestros deseos que no son para la gloria de Dios, sino para nuestra propia gloria. Esta idolatría da a luz el pecado. Mientras que los que no están en Cristo están esclavizados por sus deseos y no pueden hacer nada más que buscar tales deseos, los que estamos en Cristo hemos sido liberados de nuestra vieja naturaleza pecaminosa. Aún tenemos la presencia del pecado en nuestra vida, pero el poder del pecado se ha roto a través de Cristo. A medida que el Espíritu obre en nosotras y nos transforme en la semejanza de Cristo, más veremos cambiar nuestros deseos pecaminosos. Él nos mostrará que Cristo es todo lo que necesitamos; Él es la fuente de nuestra alegría y felicidad y el sentido de nuestra vida. Elyse Fitzpatrick nos da una palabra de aliento con respecto a esto: "Él obrará en tu corazón para ayudarte a rendir tus deseos de adoración y amor a uno mismo, y colocará dentro de ti el deseo de adorarlo y amarlo. Esto sucederá al estar seguros de que su historial perfecto es nuestro y ya no necesitamos tratar de buscar nuestra salvación o justificación".[8]

A medida que avancemos, tendremos que evaluar nuestro corazón. Tendremos que hacer un examen profundo de nuestros anhelos y deseos, nuestros pecados y nuestras respuestas emocionales, y los ídolos que adoramos. Al hacerlo, que la oración de David sea nuestra oración: "Como el ciervo brama por las corrientes de las aguas, así clama por ti, oh Dios, el alma mía" (Salmos 42:1).

8. Ibíd., p. 151.

Preguntas para el corazón de una madre

1. Lee Proverbios 4:23. ¿Qué crees que significa "cuida tu corazón" (NVI)? ¿Cómo se relaciona con la idolatría?

2. ¿Por qué crees que la Biblia compara la idolatría con el adulterio?

3. ¿Ves la relación entre el deseo y el pecado?

4. ¿Qué deseos de tu corazón compiten con el deseo de Dios?

Oración desde el corazón de una madre

Padre:

Vengo a ti cada vez más afligida por no amarte con todo mi corazón. Ahora veo que mis deseos dan a luz el pecado. En mi pecado, me alejo de ti como una esposa descarriada se aleja de su esposo para ir tras su amante. Cada vez que peco es rechazarte a ti y tu lugar como Dios.

Mediante la sangre de Cristo derramada por mí, te pido perdón por mi idolatría. Perdóname por buscar vida en cualquier otra cosa.

Perdóname por los pecados que he cometido por ir tras mis ídolos. Perdóname por mis deseos pecaminosos.

Te pido que solo tú gobiernes y reines en el trono de mi corazón. Ayúdame a amarte con todo mi corazón, con toda mi alma, con toda mi mente y con todas mis fuerzas. Como el salmista oró: "Crea en mí, oh Dios, un corazón limpio, y renueva un espíritu recto dentro de mí" (Salmos 51:10).

En el nombre de Jesús,

Amén.

4

IDENTIFIQUEMOS LOS ÍDOLOS EN NUESTRA VIDA

Cuando mis hijos eran pequeños, les pedí que hicieran un trabajo manual para poder enseñarles el concepto de la idolatría. Les hablé sobre cómo tratamos de llenar nuestro corazón con cosas que creemos que nos harán felices. Como parte de la manualidad, hice que se acostaran sobre una hoja de papel enorme y dibujé en ella el contorno de sus cuerpos. Luego dibujé una forma circular en el pecho de cada figura. Les di un montón de revistas y les dije que buscaran palabras e imágenes de cosas que la gente puede amar más que a Dios. Debían recortar las imágenes y pegarlas en el espacio del círculo sobre el papel.

Fue interesante lo que mis hijos reconocieron instintivamente como ídolos. Encontraron imágenes de billetes de un dólar, comida, televisión, teléfonos y juguetes, y los pegaron sobre el papel. Luego les pedí que decoraran a su "persona" como quisieran. Le agregaron cabello, una cara y ropa. Uno de ellos le puso un sombrero, pero lo que más me llamó la atención fue el ceño fruncido que agregaron a la cara, lo cual simboliza que los ídolos no traen felicidad.

Cuando los ídolos fallan

Por mucho que busquemos la felicidad en los ídolos que perseguimos, nunca podrán darnos la alegría que encontramos en Cristo. El filósofo francés, Blaise Pascal, escribió: "Todos los hombres aspiran a ser felices: eso no admite ninguna excepción; por distintos que sean los medios que empleen, todos tienden a lo mismo... ¿Qué es lo que proclama esta avidez y esta impotencia, sino que hubo antaño en el hombre una verdadera dicha, de la que ahora no le quedan más que indicios, una huella vacía, que trata inútilmente de llenar con todo lo que le rodea, buscando en las cosas ausentes la ayuda que no obtiene de las presentes? Sin embargo, todas son incapaces de satisfacerle, porque este abismo infinito no puede llenarse más que con un objeto infinito e inmutable, es decir, con el mismo Dios".[1]

Algunas personas se refieren a este "abismo infinito" como un agujero en forma de Dios. Nada puede llenar ese espacio, sino Dios mismo. Toda felicidad que encontremos en nuestros ídolos es temporal y fugaz. Es como el bajón después de un subidón de azúcar, o el aburrimiento de enero después de la emoción de la Navidad. Al final, nuestros ídolos nos fallarán. Sentiremos esa inquietud de la que habló Agustín. Sentiremos una insatisfacción constante, un descontento per-

---

1. Blaise Pascal, *Pensées* (Nueva York, NY: Philosophical Library), ubicación en Kindle: 2119, 2126. Publicado en español por Tellus con el título *Pensamientos.*

sistente hasta que nos demos cuenta de que nuestros ídolos no pueden llenar el abismo infinito de nuestro corazón y hasta que podamos ver lo que realmente son: falsificaciones, falsos sustitutos, imitaciones baratas, sin valor y sin poder.

> *Por mucho que busquemos la felicidad en los ídolos que perseguimos, nunca podrán darnos la alegría que encontramos en Cristo.*

Una de las historias bíblicas favoritas de mi hijo se encuentra en 1 Reyes 18. En esta historia, el profeta Elías retó a los profetas de Baal para comprobar quién adoraba al único Dios verdadero. Al hacerlo, vieron cuán débil e impotente era su dios: "Y acercándose Elías a todo el pueblo, dijo: ¿Hasta cuándo claudicaréis vosotros entre dos pensamientos? Si Jehová es Dios, seguidle; y si Baal, id en pos de él" (v. 21). Les dio un buey para ofrecer en sacrificio a Baal: "Dénsenos, pues, dos bueyes, y escojan ellos uno, y córtenlo en pedazos, y pónganlo sobre leña, pero no pongan fuego debajo; y yo prepararé el otro buey, y lo pondré sobre leña, y ningún fuego pondré debajo. Invocad luego vosotros el nombre de vuestros dioses, y yo invocaré el nombre de Jehová; y el Dios que respondiere por medio de fuego, ese sea Dios" (vv. 23-24).

Los profetas hicieron todo lo posible para que su dios prendiera fuego al sacrificio. Clamaron a Baal. Se cortaron con cuchillos. Marcharon alrededor del altar, pero no hubo respuesta: "Y aconteció al mediodía, que Elías se burlaba de ellos, diciendo: Gritad en alta voz, porque dios es; quizá está meditando, o tiene algún trabajo, o va de camino; tal vez duerme, y hay que despertarle" (v. 27).

Entonces Elías edificó un altar al Señor y colocó en este un buey como sacrificio. Vertió agua sobre el altar hasta que la madera y el sacrificio se empaparon. Elías oró: "Jehová Dios de Abraham, de Isaac y de Israel, sea hoy manifiesto que tú eres Dios en Israel, y que yo soy tu siervo, y que por mandato tuyo he hecho todas estas cosas. Respóndeme, Jehová, respóndeme, para que conozca este pueblo que tú, oh Jehová, eres el Dios, y que tú vuelves a ti el corazón de ellos" (vv. 36-37). Entonces Dios consumió la ofrenda con fuego. "Viéndolo todo el pueblo, se postraron y dijeron: ¡Jehová es el Dios, Jehová es el Dios!" (v. 39).

Nosotras también necesitamos ver la realidad de nuestros ídolos. Necesitamos ver su impotencia.

Nosotras también necesitamos ver la realidad de nuestros ídolos. Necesitamos ver su impotencia. Debemos darnos cuenta de que solo necesitamos a Dios. Para comenzar ese proceso, tenemos que identificar los ídolos de nuestro corazón.

Incluso las cosas buenas

Al considerar qué es la idolatría y los ídolos que adoramos en nuestro corazón, tal vez solo nos venga a la mente las cosas obvias que las personas adoran en nuestra cultura: el poder, la fama, el dinero. Quizá miremos a los ricos y famosos y señalemos los ídolos que adoran, evidentes por su manera de vivir. Al hacerlo, puede que pensemos que no tenemos ídolos en nuestro propio corazón. La verdad es que las personas no solo adoran cosas como la riqueza y el éxito; podemos adorar incluso cosas buenas. Podemos adorar las cosas que Dios nos ha dado como bendiciones en nuestra vida: hijos, matrimonio, ministerio, trabajo, amistades, pasatiempos y dones espirituales. Incluso, como en el ejemplo que mencioné antes, dormir puede ser un ídolo.

Las cosas buenas pueden volverse malas cuando se convierten en las únicas cosas importantes en nuestra vida. Cuando confiamos incluso en cosas buenas para hacer nuestra vida mejor, más segura, más feliz y más cómoda, son ídolos. Cuando confiamos en cosas buenas para darle sentido y propósito a nuestra vida, se han convertido en ídolos. Cuando las cosas buenas de nuestra vida nos controlan, nos dirigen y nos gobiernan, son ídolos. Cuando nos aferramos fuertemente a un sueño, una esperanza o una meta, y sentimos que nuestra vida no tendrá ningún propósito si tales cosas no se cumplen, se han convertido en ídolos.

Las cosas buenas pueden volverse malas cuando se convierten en las únicas cosas importantes en nuestra vida.

Cuando hablamos de idolatría en este libro, no pienses en la adoración de ídolos solo como la adoración de cosas malas. Absolutamente cualquier cosa puede ser un ídolo. Como Juan Calvino escribió sobre la adoración a los ídolos en el Antiguo Testamento: "Por ahí se puede ver que el ingenio del hombre no es otra cosa que un perpetuo taller para fabricar ídolos".[2] En nuestra naturaleza de pecado, siempre estamos buscando ídolos para adorar. Y sin importar el ídolo o el motivo detrás de la adoración, cuando adoramos algo aparte de Dios, le estamos quitando

2. Juan Calvino, *Institución de la religión cristiana* (Rijswijk: FELIRE, 1999), p. 56.

a Dios lo que se le debe o, como escribió Calvino, a "toda la honra que se da a los ídolos se le quita y roba a Dios".[3] Dios es nuestro Hacedor y Creador, solo Él es digno de adoración. Cuando no lo adoramos como nos ha llamado a hacerlo, le robamos la gloria y la honra que solo le pertenecen a Él.

Identifiquemos los ídolos

En este momento, te preguntarás: ¿cómo sé qué ídolos adoro? ¿Cómo sé en qué pongo mi esperanza aparte de Dios?

A la hora de identificar los ídolos que reinan en nuestro corazón, hay ciertas preguntas que debemos hacernos. Estas son las preguntas a las que haré referencia más adelante cuando veamos los ídolos específicos en el corazón de las madres.

El tiempo y el dinero

El tiempo y el dinero son nuestros dos bienes más preciados. La forma en que los gastamos dice mucho sobre lo que valoramos y lo que es más importante para nosotras.

¿En qué pasas tu tiempo cuando piensas o sueñas despierta? Por lo general, pasamos mucho tiempo pensando, planeando y elaborando estrategias sobre nuestros ídolos. Pasaremos nuestro tiempo buscando lo que más valoramos. A menudo, sacrificamos nuestro tiempo por nuestros ídolos y descubriremos que no nos queda para nada más. Con frecuencia, significa que no tenemos tiempo para orar y estudiar la Palabra de Dios o para amar y servir a una amiga que sufre.

Algunas mujeres podemos pasar tiempo haciendo que nuestro hogar sea perfecto en todos los sentidos: limpio, bien

3. Ibíd., p. 57.

decorado, organizado. Es una actividad que nos consume tiempo. Otras podríamos dedicar tiempo a nuestra salud. Echa un vistazo a cómo usas tu tiempo cada día: ¿es en adorar a algo que no es Dios?

La segunda área que podemos considerar para identificar nuestros ídolos es en qué cosas gastamos nuestro dinero. A menudo, aquello en lo que gastamos dinero es un indicador de lo que más amamos. Y si no tenemos el dinero para comprar tales cosas, ¿cómo respondemos? ¿Nos enojamos? ¿Nos desesperamos? Jesús dijo: "No os hagáis tesoros en la tierra, donde la polilla y el orín corrompen, y donde ladrones minan y hurtan; sino haceos tesoros en el cielo, donde ni la polilla ni el orín corrompen, y donde ladrones no minan ni hurtan. Porque donde esté vuestro tesoro, allí estará también vuestro corazón" (Mateo 6:19-21).

> *Por lo general, pasamos mucho tiempo pensando, planeando y elaborando estrategias sobre nuestros ídolos.*

Ha habido momentos en los que adoraba el reconocimiento y el elogio de los demás. Ya sea en respuesta a la ropa que usaba o la forma en que decoraba mi hogar, disfrutaba de la respuesta. Gastar dinero en cosas para recibir esa clase de respuesta era un indicador de idolatría. Eso quería decir que encontraba la importancia y el sentido de mi vida en los elogios y la alabanza de los demás, en lugar de encontrarlos en lo que Dios dice de mí.

Las respuestas emocionales

A menudo, nuestras emociones más fuertes están relacionadas con nuestros ídolos. ¿Cuáles son tus miedos? ¿Qué te mantiene despierta por la noche? ¿Qué consume tus pensamientos? ¿De qué tratas de protegerte o proteger a tus seres queridos?

Como madres, podemos tener miedo de las enfermedades y lesiones de nuestros hijos. Podemos tener miedo de las influencias negativas externas en sus vidas. Podemos tener miedo del desorden y el caos en nuestros hogares. Sean cuales sean nuestros miedos, haremos lo que sea necesario para evitar que esos miedos se hagan realidad. Cuando esta semana sientas miedo, detente a pensar en el ídolo con el que está relacionado.

Otra emoción fuerte que podríamos experimentar es la ira. ¿Por qué te enojas? Cuando nuestros ídolos se ven amenazados, a menudo podemos responder con ira. Considera cuánto se enojan los niños cuando otro niño les arrebata un juguete. "¡Es mío!", podrían gritar en respuesta. Quizás alguien criticó tu manera de criar a tus hijos y te pasaste el resto del día enfurecida. O tal vez tu hijo se negó a tomar una siesta por la tarde con lo cual interrumpió tu tiempo personal y respondiste con enojo. Elyse Fitzpatrick señala: "Las emociones son un espejo de nuestro corazón. Nuestras emociones revelan nuestros pensamientos e intenciones; revelan los juicios que hemos hecho sobre nuestras circunstancias".[4]

En Hechos 16, Pablo y Silas se encontraban en Filipos. Una joven esclava poseída por un demonio siguió a Pablo y gritaba: "Estos hombres son siervos del Dios Altísimo, quienes os anuncian el camino de salvación" (v. 17). Pablo se molestó y ordenó al espíritu que la dejara. Cuando el demo-

4. Elyse M. Fitzpatrick, *Idols of the Heart: Learning to Long for God Alone,* Revised Edition (Phillipsburg, NJ: P&R Publishing, 2016), p. 222. Publicado en español por Poiema Publicaciones con el título *Ídolos del corazón: Aprendiendo a anhelar solo a Dios.*

nio se fue de ella, sus amos se enojaron: "Pero viendo sus amos que había salido la esperanza de su ganancia, prendieron a Pablo y a Silas, y los trajeron al foro, ante las autoridades... Y se agolpó el pueblo contra ellos; y los magistrados, rasgándoles las ropas, ordenaron azotarles con varas. Después de haberles azotado mucho, los echaron en la cárcel, mandando al carcelero que los guardase con seguridad" (vv. 19, 22-23). Del mismo modo, cuando atacan lo que amamos y adoramos, también podemos responder con ira.

El control

¿Qué te controla? A menudo, las cosas que adoramos se convierten en las cosas que gobiernan nuestras vidas. Tim Keller escribe: "... somos servidores de todo aquello en el que tenemos puesto nuestro amor y confianza. Cualquier cosa que es más importante y no negociable para nosotros que Dios se convierte en un ídolo esclavizante... Los ídolos nos controlan, pues sentimos que debemos tenerlos o la vida no tiene sentido".[5] ¿Qué define y rige tus días? "Porque el que es vencido por alguno es hecho esclavo del que lo venció" (2 Pedro 2:19).

Los ídolos requieren sacrificios. En el Antiguo Testamento, tales sacrificios a menudo implicaban la muerte. El dios Moloc era un ídolo al que los padres ofrecían a sus hijos en sacrificio (ver Levítico 18:21). ¿A qué o a quién has sacrificado por tu ídolo? Tal vez has sacrificado las relaciones con otros para satisfacer a tu dios. O tal vez has renunciado a

---

5. Timothy Keller, *Counterfeit Gods: The Empty Promises of Money, Sex, and Power, and the Only Hope that Matters* (Nueva York, NY: Dutton, 2009), p. 22. Publicado en español por Vida con el título *Dioses falsos: Las huecas promesas del dinero, el sexo y el poder, y la única esperanza verdadera.*

tu integridad y has mentido para mantener satisfecho a tu ídolo. Considera los sacrificios que has hecho para sostener tu idolatría.

Las pérdidas

¿Qué cosa, si la perdieras hoy, te devastaría? ¿Sin qué cosa no podrías vivir? ¿Es la casa o el trabajo perfecto que siempre has deseado? ¿Es el respeto de los demás? ¿Es el amor y el afecto? Sea lo que sea, actúa como un salvador funcional. Es aquello a lo que te aferras, porque piensas que trae plenitud a tu vida. También es lo que proteges a toda costa. Sea lo que sea, ya sea material, una esperanza o un sueño, una relación o cualquier otra cosa, si reina en el trono de tu corazón, es un ídolo.

En Hechos 19, Pablo se encontraba en Éfeso. Había un platero que hacía figuras de plata para la diosa Diana. Este reunió a otros artesanos de ídolos y les dijo: "Varones, sabéis que de este oficio obtenemos nuestra riqueza; pero veis y oís que este Pablo, no solamente en Éfeso, sino en casi toda Asia, ha apartado a muchas gentes con persuasión, diciendo que no son dioses los que se hacen con las manos. Y no solamente hay peligro de que este nuestro negocio venga a desacreditarse, sino también que el templo de la gran diosa Diana sea estimado en nada, y comience a ser destruida la majestad de aquella a quien venera toda Asia, y el mundo entero" (Hechos 19:25-27). Esto causó disturbios. Los artesanos se enfurecieron y atacaron a los compañeros de Pablo. Cuando corremos el riesgo de perder un ídolo, así responde nuestro corazón.

La confianza

¿Dónde depositas tu confianza? Martín Lutero escribió que un ídolo, un dios, es algo "de lo cual esperamos todo bien y en el cual debemos refugiarnos en toda aflicción".[6] Un ídolo es aquello en lo que confiamos. Es nuestro refugio, es aquello que buscamos para recibir ayuda y esperanza. En su catecismo, Lutero escribió que el primer mandamiento enseña que debemos confiar solo en Dios. Cuando confiamos en cualquier otra cosa, adoramos a un dios falso.

Lutero nos anima a evaluar aquello en lo cual confiamos: "Pregunta y sondea tu corazón y así sabrás si está ligado únicamente a Dios o no. Si tienes un corazón que no sabe esperar de Dios sino el bien especialmente en las necesidades y carencias y, además, puede abandonar y dejar todo aquello que no es de Dios, entonces tendrás ciertamente al único y verdadero Dios. Si, por el contrario, tu corazón está puesto en otras cosas, de las cuales esperas mayor bien y auxilio que de Dios y si no acudes a Él, sino que le rehúyes cuando sufres algún mal, entonces tendrás otro dios, un ídolo".[7] ¿En dónde buscas refugio?

Si solo...

¿Cuál es tu "si solo…"? Llena el espacio en blanco: si solo tuviera ______ mi vida estaría completa. Nuestros "si solo…" dicen mucho sobre lo que hay en nuestro corazón, lo que más nos importa. Consideramos esa cosa como la pieza que falta para que nuestra vida esté completa y nos sintamos plenas. Buscamos y perseguimos esa cosa hasta tenerla.

---

6. Martín Lutero, *Small and Large Catechism*, 1529 (edición Kindle, ubicación 534). Publicado en español con el título *Catecismo Menor y Mayor* por la Iglesia Luterana Confesional de Chile de una trascripción del Libro de Concordia, pp. 379-494, con notas incorporadas del Catecismo Mayor, Tomo V de las Obras de Lutero.

7. Ibíd., ubicación 600.

Durante muchos años, mi "si solo..." fue "si mi esposo trabajara menos, entonces sería feliz y nuestra familia también sería feliz". Tener un esposo en casa en vez de trabajar todo el tiempo ciertamente es algo bueno, pero para mí, era mi "si solo...". Era lo único que pensaba que mejoraría mi vida. Y, como no lo tenía, pensaba que justificaba mi ira y amargura.

El pecado

¿Qué pecado o pecados cometes una y otra vez? Recuerda que nuestros pecados están directamente relacionados con lo que deseamos. Cuando pecamos es porque amamos y adoramos lo incorrecto. Pecamos para satisfacer lo que creemos que llenará nuestros anhelos. Tal vez sea mentir y manipular a otros para obtener lo que deseas. Tal vez sea una preocupación crónica. Tal vez sean deseos y pensamientos pecaminosos, esos que te llenan de tanta vergüenza que los mantienes ocultos y sin confesar. Tal vez sean tus arrebatos de ira contra tu esposo o tus hijos. Todo aquello que adoramos y amamos más que a Dios, pecaremos para obtenerlo.

Cuando pecamos es porque amamos y adoramos lo incorrecto.

"Entonces la concupiscencia, después que ha concebido, da a luz el pecado; y el pecado, siendo consumado, da a luz la muerte" (Santiago 1:15). Sin embargo, hay esperanza para todas las personas pecadoras: "Por lo cual, desechando toda inmundicia y abundancia de malicia, recibid con mansedumbre la palabra implantada, la cual puede salvar vuestras almas" (Santiago 1:21). Pregúntate, ¿a qué deseo insatisfecho responde este pecado?

El caos

¿Qué áreas de tu vida parecen estar "fuera de control"? A menudo, los lugares que intentamos controlar revelan ídolos. Tal vez pasas mucho tiempo tratando de organizar tu horario o eres estricta con tus rutinas. Cuando mis hijos eran pequeños, las rutinas eran importantes. Necesitaban dormir. Debían comer a la misma hora todos los días. Tales rutinas eran buenas para ellos, pero yo además adoraba esas rutinas. Si algo o alguien interrumpía tales rutinas, respondía con frustración. A veces incluso con enojo. Esas rutinas me hacían la vida cómoda. Tal vez los horarios y las rutinas no sean cosas que estén fuera de control en tu vida. ¿Qué estás tratando de controlar y manejar?

Las barreras

¿Qué barreras encuentras en tu vida? A menudo, Dios levantará barreras para mantenernos alejadas de nuestros ídolos. En el libro de Oseas, Dios describió los obstáculos que colocaría en el camino de Israel para mantenerla alejada de sus ídolos: "Por tanto, he aquí yo rodearé de espinos su camino, y la cercaré con seto, y no hallará sus caminos. Seguirá a sus amantes, y no los alcanzará; los buscará, y no los hallará. Entonces dirá: Iré y me volveré a mi primer marido; porque mejor me iba entonces que ahora" (Oseas 2:6-7).

Dios con frecuencia bloqueará el camino hacia nuestros ídolos. Nos impedirá obtener lo que deseamos. Podría dejarnos con las manos vacías para hacernos volver a Él. Tim Keller lo compara con el momento cuando le dijeron a Abraham que sacrificara a Isaac, su único hijo: "Los momentos más dolorosos de nuestras vidas son momentos en que nuestros Isaacs, nuestros ídolos, están siendo amenazados o destituidos...

Como muchos han aprendido y luego enseñado, no te das cuenta de que Jesús es todo lo que necesitas hasta que Jesús es todo lo que tienes".[8]

Las expectativas

Otra forma de identificar ídolos en nuestra vida es analizar nuestras expectativas. ¿Qué esperas de la vida? ¿Qué esperas de los demás, de ti misma, de Dios? Considera tus pensamientos y creencias: ¿cuáles son los *"debería"* y *"tendría que"* en tu vida?

Por ejemplo, ¿crees que debería irte de cierta manera en la vida? ¿Crees que la gente tendría que responderte de cierta forma? ¿Qué piensas del hecho de ser madre? Completa los espacios en blanco: Como madre, debería ________. O mis hijos deberían ________. Ser madre tendría que ser ________.

Cuando nuestras expectativas nos fallan y la vida no es como esperamos, a menudo respondemos con frustración y enojo. O podríamos interiorizar ese enojo hasta que se convierte en desesperación. Tales emociones resaltan el hecho de que lo que hemos depositado en nuestra esperanza nos ha decepcionado. Tómate un tiempo para pensar y orar por tus expectativas y ver qué ídolos acechan allí.

La autocompasión

Mi pastor predicó una vez una serie de sermones relacionados con la autocompasión. Dijo que cuanto más idólatra sea nuestro corazón, más autocompasión tendremos. Sentiremos lástima de nosotras mismas debido a alguna prueba, dificultad o injusticia, y buscaremos a otras personas que estén de

8. Timothy Keller, p. 19.

acuerdo con nosotras, que sientan lástima de nosotras y que tal vez incluso intervengan a nuestro favor.[9]

Podemos verlo cuando nuestros ídolos nos fallan, cuando no obtenemos lo que deseamos y cuando nos quitan lo que deseamos. Hay un ejemplo en el libro de 1 Reyes:

> Pasadas estas cosas, aconteció que Nabot de Jezreel tenía allí una viña junto al palacio de Acab rey de Samaria. Y Acab habló a Nabot, diciendo: Dame tu viña para un huerto de legumbres, porque está cercana a mi casa, y yo te daré por ella otra viña mejor que esta; o si mejor te pareciere, te pagaré su valor en dinero. Y Nabot respondió a Acab: Guárdeme Jehová de que yo te dé a ti la heredad de mis padres. Y vino Acab a su casa triste y enojado, por la palabra que Nabot de Jezreel le había respondido, diciendo: No te daré la heredad de mis padres. Y se acostó en su cama, y volvió su rostro, y no comió (21:1-4).

¿Ves la respuesta de Acab cuando no obtuvo lo que quería? ¿De qué manera puedes expresar autocompasión?

Para examinarte, estas son preguntas que debes hacerte para identificar los ídolos de tu corazón:

1. ¿En qué pasas tu tiempo?
2. ¿En qué gastas tu dinero?
3. ¿Cuáles son tus emociones más fuertes? ¿Qué temes? ¿Qué te hace enojar?
4. ¿Qué te controla?

---

9. Agradezco a mi pastor, Tim Locke, por este concepto.

5. ¿Qué temes perder?
6. ¿En qué depositas tu confianza para una vida mejor?
7. ¿Cuáles son tus "si solo..."?
8. ¿Con qué pecado o pecados luchas constantemente?
9. ¿Qué áreas de tu vida parecen estar fuera de control?
10. ¿Qué barreras enfrentas en tu vida que te impiden obtener lo que deseas?
11. ¿Qué esperas de la vida, de ti misma, de otros y de Dios?
12. ¿De qué sientes autocompasión?

Porque Jesús fue tentado

En Mateo 4, después de ser bautizado por el Espíritu y recibir la honra del Padre, el Espíritu llevó a Jesús al desierto. Durante cuarenta días estuvo sin comida ni agua. Satanás fue a su encuentro y lo tentó. Mateo registra tres tentaciones específicas que Jesús soportó. Primero, Satanás tentó a Jesús a convertir piedras en pan para poder comer. Jesús respondió: "Escrito está: No sólo de pan vivirá el hombre, sino de toda palabra que sale de la boca de Dios" (v. 4). Satanás tentó a Jesús por segunda vez a arrojarse desde el pináculo del templo. Citando el Salmo 91, Satanás dijo que los ángeles lo sostendrían. Jesús respondió: "Escrito está también: No tentarás al Señor tu Dios" (v. 7). Y, por último, Satanás tentó a Jesús al ofrecerle los reinos de este mundo si solo se inclinaba ante él y lo adoraba. Jesús respondió: "Vete, Satanás, porque escrito está: Al Señor tu Dios adorarás, y a él sólo servirás" (v. 10).

Cada vez que Satanás lo tentó, Jesús contrarrestó a Satanás

con la Palabra de Dios. La mayoría de nosotras, cuando leemos este pasaje, deducimos que nos enseña a contrarrestar la tentación con la Palabra de Dios. Si bien es cierto que debemos vencer las mentiras con la verdad (Efesios 6:16), este pasaje nos enseña algo más que el simple hecho de imitar la respuesta de Jesús a Satanás.

Cuando enfrentas tentación, el Espíritu impulsa tu corazón a recordar lo que glorifica a Dios y lo que no lo glorifica. Te fortalece para que te resistas a ceder a la tentación.

Los pasajes que Jesús citó pertenecen al libro de Deuteronomio. Los cuarenta días de Jesús en el desierto nos recuerdan los cuarenta años en que los israelitas vagaron por el desierto. Durante esos años, rezongaron y se quejaron. Fueron ingratos. Incluso después que Dios los rescató de la esclavitud y les abrió el mar para que cruzaran, dudaron de la provisión de comida y agua. Como ya hemos visto, adoraron a un ídolo elaborado con sus joyas de oro. Además, se negaron a obedecer a Moisés y Aarón. Moisés los llamó pueblo de dura cerviz.

La tentación de Jesús en el desierto nos muestra que Él es el más grande profeta que Dios prometió a Moisés: "Profeta les levantaré de en medio de sus hermanos, como tú; y pondré mis palabras en su boca, y él les hablará todo lo que yo le mandare" (Deuteronomio 18:18). A diferencia de Israel, Jesús obedeció perfectamente a Dios. Este pasaje de Mateo 4 nos enseña que Jesús es el sacrificio perfecto por nuestros pecados. Dado que fue tentado y no pecó, pudo tomar nuestro lugar y cargar con nuestros pecados en nuestro nombre:

"Al que no conoció pecado, por nosotros lo hizo pecado, para que nosotros fuésemos hechos justicia de Dios en él" (2 Corintios 5:21).[10]

La tentación de nuestro Salvador en el desierto es una buena noticia para aquellas de nosotras que, como los israelitas, somos tentadas a caer en la idolatría. Nosotras también damos la espalda al único Dios verdadero y adoramos las cosas creadas. Nosotras también nos olvidamos rápidamente de quién es Dios y de lo que ha hecho por nosotras. Somos rápidas para rezongar y quejarnos. Pero ¡alabado sea Dios por Jesús! Él es el verdadero Israel, quien cumplió lo que Israel no pudo y lo que *nosotras* no podemos. Él es nuestro Salvador, Redentor, Sustituto y Mediador. Es también el que nos ayuda en todas nuestras tentaciones: "Pues en cuanto él mismo padeció siendo tentado, es poderoso para socorrer a los que son tentados" (Hebreos 2:18). Charles Spurgeon escribió: "El Señor Jesús, aunque fue tentado, triunfó gloriosamente; y, como Él venció, así también vencerán sus seguidores, pues Jesús es el representante de su pueblo. La Cabeza ha triunfado y los miembros comparten la victoria. Los temores son innecesarios, pues Cristo está con nosotros, armado, para defendernos. Nuestro lugar de seguridad es el pecho del Salvador".[11]

Mamá, Jesús es tu ayuda y esperanza en cada momento del día. Incluso ahora, Jesús está delante del Padre, interce-

---

10. Escribí un artículo sobre la tentación de Jesús para Christward Collective, que puedes leer aquí: http://www.christwardcollective.com/christward/the-tempted-one (consultado el 16 de mayo de 2018).

11. Charles Spurgeon, *Morning and Evening* (McLean, VA: MacDonald Publishing, 1973), devocional del 3 de octubre. Publicado en español por Editorial Peregrino con el título *Lecturas vespertinas*.

diendo por ti. Él te ayuda mediante su Espíritu, quien te recuerda la verdad del evangelio y tu redención del pecado. Cuando enfrentas tentación, el Espíritu impulsa tu corazón a recordar lo que glorifica a Dios y lo que no lo glorifica. Te fortalece para que te resistas a ceder a la tentación. Y cada vez que cedes, te ayuda a confesarlo y arrepentirte. De hecho, el Espíritu siempre está obrando en ti, incluso cuando no lo sientes. Él está usando cada situación de tu vida para cambiarte y transformarte.

Puedes tener gran esperanza con la certeza de que tienes un Salvador que sabe lo que es ser tentado, que ha enfrentado la tentación en tu lugar y ha ganado, y que todos los días está obrando para ayudarte a enfrentar tus propias tentaciones. Recuerda esta buena noticia a medida que avancemos en la búsqueda de ídolos específicos del corazón de una madre.

Preguntas para el corazón de una madre

1. Repasa las preguntas de este capítulo y respóndelas en oración. Mientras lo haces, piensa en los ídolos que adoras.
2. ¿Alguna vez te han fallado tus ídolos?

___

___

___

3. ¿Qué cosas buenas adoras?

___

___

___

4. Lee el Salmo 115. ¿Qué les sucede a las personas que hacen y confían en ídolos? ¿Qué pasa con los que confían en el Señor?

___

___

___

___

5. Lee Mateo 4:1-11. ¿Qué significa para ti que Jesús es el Cordero de Dios sin pecado?

___

___

___

Oración desde el corazón de una madre

Padre celestial:

Al leer esta lista, me doy cuenta más y más cuánto adoro a dioses falsos. Lo veo en mis respuestas emocionales, en la forma en que paso mi tiempo y gasto mi dinero, en mis pensamientos y mis deseos. Esta lista me convence de mi error, Padre; pero sé que estás obrando en mí por medio de tu Espíritu. Aunque ahora estoy contrita por mi convicción de pecado, sé que me purificarás. Usarás esto para hacerme más semejante a tu Hijo, y te doy las gracias. Oro como el salmista: "Purifícame con hisopo, y seré limpio; lávame, y seré más blanco que la nieve. Hazme oír gozo y alegría, y se recrearán los huesos que has abatido" (Salmos 51:7-8).

Padre, perdóname por mis pensamientos, deseos y emociones pecaminosas. Perdóname por mis "si solo...". Perdóname por mi autocompasión y por no confiar solo en ti. Tú eres mi vida, mi salvación, mi esperanza, mi alegría. Ayúdame a recordarlo.

Derrama hoy tu gracia sobre mí mientras enfrento a los ídolos de mi corazón. Que en este proceso seas glorificado en mi vida.

En el nombre de Jesús,

Amén.

PARTE II

LOS ÍDOLOS EN EL CORAZÓN DE UNA MADRE

5

EL ÍDOLO DE LOS HIJOS

Como numerosas niñas, cuando era pequeña tenía muchas muñecas. Disfrutaba de cambiarles la ropa y de fingir que las alimentaba y las acostaba. Con restos de tela, mi madre cosía vestidos para mis muñecas. Disfrutaba también jugando con otros juguetes y juegos, pero no tanto como con mis muñecas que aún hoy conservo. Y, como otras niñas, además de ser una detective como Nancy Drew, algún día, quería ser madre.

Ser madre es uno de los llamados más antiguos de la vida. Después que Dios creó a Adán y Eva, les encomendó que tuvieran hijos y gobernaran la tierra: "Y los bendijo Dios, y les dijo: Fructificad y multiplicaos; llenad la tierra, y sojuzgadla, y señoread en los peces del mar, en las aves de los cielos, y en todas las bestias que se mueven sobre la tierra" (Génesis 1:28). El nombre Eva significa "madre de todos los vivientes". Como hijas de Eva, ser madre (ya sea dar a luz físicamente, por adopción o espiritualmente a otra persona) es parte de lo que significa para nosotras vivir nuestra feminidad.

La Biblia considera a los hijos una bendición: "He aquí, herencia de Jehová son los hijos; cosa de estima el fruto del vientre. Como saetas en mano del valiente, así son los hijos habidos en la juventud. Bienaventurado el hombre que llenó su aljaba de ellos; no será avergonzado cuando hablare con los enemigos en la puerta" (Salmos 127:3-5). Los discípulos querían evitar que los niños se acercaran a Jesús, sin embargo, Él les dijo: "Dejad a los niños venir a mí, y no se lo impidáis; porque de los tales es el reino de los cielos" (Mateo 19:14).

En la Biblia, hay varias historias sobre mujeres que deseaban tener un hijo propio. En 1 Samuel 1, Ana deseaba tener un hijo, pero el Señor había cerrado su matriz. Ana oró a Dios por un hijo y prometió consagrarle a su primogénito. Más adelante, dio a luz a Samuel y lo llevó al templo para que viviera y sirviera al Señor allí: "Aconteció que al cumplirse el tiempo, después de haber concebido Ana, dio a luz un hijo, y le puso por nombre Samuel, diciendo: Por cuanto lo pedí a Jehová" (1 Samuel 1:20).

Abraham y Sara tampoco podían tener hijos. En su vejez, Dios les prometió un hijo. De hecho, prometió que todo el mundo sería bendecido a través de la simiente de Abraham. Esa promesa era casi demasiado buena y por demás sorprendente para creerla: "Y Abraham y Sara eran viejos, de edad avanzada; y a Sara le había cesado ya la costumbre de las mujeres. Se rió, pues, Sara entre sí, diciendo: ¿Después que he envejecido tendré deleite, siendo también mi señor ya viejo? Entonces Jehová dijo a Abraham: ¿Por qué se ha reído Sara diciendo: ¿Será cierto que he de dar a luz siendo ya vieja? ¿Hay para Dios alguna cosa difícil? Al tiempo señalado volveré a ti, y según el tiempo de la vida, Sara tendrá un hijo" (Génesis 18:11-14). El Señor cumplió su promesa y les dio a Isaac.

Finalmente, la promesa de bendecir al mundo a través de los descendientes de Abraham llegó en la persona de Jesús. Este niño, Jesús, Emanuel, Dios en la carne, fue la bendición más grande y más anhelada de todas: "Y dará a luz un hijo, y llamarás su nombre JESÚS, porque él salvará a su pueblo de sus pecados" (Mateo 1:21).

Cuando los hijos se convierten en ídolos

Tener un hijo es ciertamente una bendición maravillosa. Ser madre es una bendición. Algunos dirían que ser madre es el trabajo más importante que existe; pero, como otras cosas buenas, ser madre se convierte en algo incorrecto cuando lo valoramos por encima de Dios. Sí, es posible que los hijos sean un ídolo en nuestro corazón. Podemos colocar el deseo de tener un hijo o los hijos que tenemos sobre el altar de nuestro corazón y adorarlos.

El deseo de ser madre

Hay muchas maneras de adorar a nuestros hijos. Ser madre puede ser un ídolo en sí mismo. Quizás has tratado de quedar embarazada y hasta ahora no has podido. Cada mes que pasa sin tener éxito te pones cada vez más ansiosa. Tal vez temes no poder quedar embarazada jamás. Siempre has pensado que serías madre; ahora sientes como si te hubieran arrebatado ese sueño. Puede que te preguntes: "¿Por qué, Señor? ¿Por qué yo no?". Tal vez te identifiques con Ana, quien "con amargura de alma oró a Jehová, y lloró abundantemente" (1 Samuel 1:10). Quizás veas cómo les crece el vientre a tus amigas embarazadas, y luchas por no amargarte por su bendición. Te sientes vacía por dentro, en el sentido literal y figurativo.

Algunas de ustedes puede que ya sean madres. Tal vez ya tienes un hijo, pero estás tratando de tener un segundo. Siempre te imaginaste con dos o tres hijos, pero parece que eso no será posible. La imagen que tenías de tu familia está desapareciendo ante tus ojos. Lamentas que tu único hijo crecerá sin hermanos y hermanas.

El deseo de ser madre no es malo. Es un buen deseo. Si ese sueño, de alguna manera, se hace añicos, no está mal afligirse. Si no puedes tener un hijo, si has perdido a un hijo por aborto espontáneo o de alguna otra forma, es bueno y necesario lamentar esa pérdida. Deberíamos llorar y clamar a Dios como lo hizo Ana. Lloramos porque la pérdida es real y dolorosa. Nos afligimos porque las cosas no son como deberían ser. Nuestro dolor reconoce que este mundo está caído y roto, y sentimos ese quebranto en lo profundo de nuestro ser.

Cuando ha pasado el tiempo y el dolor ha disminuido en intensidad, la pregunta es: ¿cuál es la postura de mi corazón? Para aquellas que adoran el hecho de ser madres, tal pérdida perdura por mucho tiempo y se convierte en ira y amargura. Puede que te encuentres obsesionada y desesperada por ese sueño, y tratas de encontrar la manera de llenar el vacío interior. Es posible que hayas considerado a ese hijo que deseabas como la única cosa que puede producir realización y plenitud a tu vida. Un hijo daría a tu vida el significado que necesitabas con desesperación. Quizás, como Lea (Génesis 29:32), pensaste que un bebé mejoraría tu matrimonio.

No todas las mujeres sin hijos adoran necesariamente la

idea de tener un hijo, pero algunas sí lo hacen. Es una pregunta sobre la que vale la pena hablar con el Señor y pedir al Espíritu que te abra los ojos para ver qué hay realmente en tu corazón.

El deseo de compensar una mala infancia

Algunas pueden desear ser madres por otra razón: para compensar, de alguna manera, una mala infancia. Tal vez vienes de un hogar roto. Quizás tu padre o tus padres estaban tan ensimismados en sus propios problemas y su propia ruptura que te descuidaron. Tal vez tu infancia fue tan caótica y aterradora, que resolviste que algún día tendrías tu propia familia y que lo harías bien. Te prometes amar a tu hijo como jamás te amaron. Te has prometido darle la vida familiar estable que nunca tuviste. Quieres dar a tu hijo todo lo que te faltó en amor y también en experiencia, educación, juguetes, deportes y demás cosas.

No hay nada de malo en querer hacer lo correcto cuando somos madres. Si crecimos en un hogar violento o caótico, es bueno querer hacer las cosas de otra manera con nuestros propios hijos. Debemos tratar de criarlos en un ambiente amoroso y enriquecedor. Sin embargo, el problema viene cuando ponemos nuestra esperanza en eso. Cuando buscamos una vida hogareña feliz para nuestros hijos como una forma de mejorar nuestra vida, los convertimos en un ídolo. No podemos compensar el dolor del pasado y buscar un alivio a través de otra persona. Solo

> *Si buscamos compensar nuestra mala infancia a través de los hijos, solo nos decepcionaremos.*

Cristo puede sanar nuestro dolor; solo Él puede redimir nuestro quebranto.

Si buscamos compensar nuestra mala infancia a través de los hijos, solo nos decepcionaremos. A menudo, nos topamos con la realidad de que no podemos controlar la vida. No podemos fabricar una vida. No importa nuestras intenciones, el pecado se interpone en el camino. Cuando ponemos nuestra esperanza en hacer nuestra vida de cierta manera, estamos poniendo nuestra esperanza en algo que está fuera de nuestro control. Estamos poniendo nuestra esperanza en algo que no es Cristo, y solo Él puede darnos una vida feliz y plena.

Vivir para nuestros hijos

Otras, quizás ya tengan hijos. Ya conoces la bendición de tener pequeños a quienes amar y cuidar, pero el problema es que tus hijos se han convertido en tu todo. Vives para ellos. Vives para complacerlos y hacerlos felices. Pasas tu tiempo pensando en formas de hacer que su vida sea divertida y emocionante. Ya sea los alimentos que comen, los lugares que visitan, las actividades en las que participan, trabajas arduamente para que todo sea agradable para ellos.

Participas activamente en todas las áreas de la vida de tus hijos. Es casi como si fueran una extensión de ti misma. Vives a través de ellos. Esto significa que lo que les sucede a ellos te sucede a ti. Cuando los amigos de tus hijos no son amables con ellos, es como si te lo hicieran a ti. Cuando un maestro critica su trabajo, es como si te estuvieran criticando a ti. Cuando no logran formar parte del equipo deportivo, lo sientes como tu propio fracaso. Ser madre es lo que te da vida, significado y propósito.

Hay una historia de ficción titulada *Hannah Coulter*,

sobre una mujer que en la vejez recuerda el pasado y relata la historia de su vida. Cuenta sobre sus hijos cuando eran pequeños, cuando dejaron el hogar y lo desgarrador que fue para ella cuando eso sucedió: "Después que cada uno de nuestros hijos se fue a la universidad, siempre llegaba un momento cuando sentíamos que se producía una distancia que los alejaba. Era como sentarse cómodamente en tu casa, cuando de repente se abre una puerta en alguna parte y sientes una corriente de aire".[1] Mi hijo mayor se irá a la universidad en cinco años. Mientras leía esta novela ficticia, no pude evitar pensar en cómo será mi vida sin mis hijos en casa. Me preguntaba: "¿Quién seré sin alguien a quien cuidar?". Mis días están centrados en mis hijos. Cocino para ellos. Les enseño. Los llevo en auto a donde sea que necesiten ir. Cuido cada detalle de sus vidas. ¿Qué le sucederá a mi vida cuando ellos se vayan a vivir solos? Si mis hijos dan sentido y significado a mi vida, si son ídolos en mi corazón, me desesperaré una vez que se hayan ido. Me sentiré perdida y sin ancla.

Los ídolos son engañosos. Se esconden en las sombras para que no los veamos claramente.

Es fácil que los hijos se conviertan en ídolos en el corazón de una madre. Pasamos tanto tiempo cada día en atenderlos, amarlos, enseñarles y capacitarlos, que es fácil ver cómo nuestra vida puede girar solo alrededor de ellos. Puede ser una línea muy fina entre hacer todas las cosas necesarias para cuidar y criar a nuestros

1. Wendell Berry, *Hannah Coulter* (Berkeley, CA: Counterpoint, 2004), p. 120.

hijos y que todo lo que hagamos tenga que ver con ellos. Los ídolos son engañosos. Se esconden en las sombras para que no los veamos claramente. Podemos pensar todo el tiempo que lo que estamos haciendo es bueno y correcto cuando, en realidad, estamos adorando a nuestros hijos.

Hay un buen ejemplo de esto en la alegoría de C. S. Lewis, *El gran divorcio*, que cuenta la fábula sobre un grupo de personas que viajan en autobús al cielo. Lo escribió para explorar las razones por las cuales las personas eligen amar y comprometerse con Dios frente a aquellas que eligen vivir para las cosas de este mundo y, finalmente, para el infierno.

En uno de los capítulos, aparece una mujer llamada Pam. En una de las paradas, la recibe el alma difunta de su hermano, quien intenta convencerla de viajar por el cielo y llegar a la presencia de Dios. Ella está molesta porque su querido y fallecido hijo, Michael, no fue a saludarla. Su hermano le explica que aún no está lista para verlo, porque debe amar a Dios sobre todas las cosas. Primero debe desear ver a Dios y luego disfrutará de las bendiciones del cielo; no al revés: "Estás tratando a Dios solo como un medio para llegar a Michael, pero el proceso del crecimiento consiste en aprender a amar a Dios por lo que Él es".[2]

En el diálogo que Pam mantiene con su hermano, él le señala la forma en que adoraba a su hijo. Pam le dice: "Estoy segura de que hice todo lo posible para hacer feliz a Michael. Le entregué toda mi vida". Su hermano responde: "Los seres humanos no pueden hacerse felices unos a otros por mucho

2. C. S. Lewis, *The Great Divorce* (Nueva York, NY: Macmillan, 1946), pp. 91-92. Publicado en español por Editorial Andrés Bello con el título *El gran divorcio*.

tiempo... Él [Dios] quería que amaras a Michael como Él entiende el amor. No puedes amar plenamente a tu prójimo hasta que no ames a Dios". Más adelante Pam le dice: "Todo esto es una tontería, una tontería cruel y perversa. ¿Qué *derecho* tienes de decir cosas así sobre el amor maternal? Es el sentimiento más sublime y sagrado de la naturaleza humana". Su hermano responde: "Pam, Pam... ningún sentimiento natural es sublime o indigno, sagrado o profano en sí mismo. Todos son sagrados cuando la mano de Dios lleva las riendas. Todos se pervierten cuando se afirman en sí mismos y se convierten en dioses falsos".[3]

En esta fábula, Pam cree que el amor de una madre es sagrado. Cree que no hay nada malo en el amor que siente por su hijo. Esto también puede sucedernos a nosotras. De alguna manera, la adoración de nuestros hijos puede ser un "pecado aceptable", uno de esos pecados que todas cometemos, por lo que a menudo lo pasamos por alto y lo aceptamos. Podríamos pensar que una buena madre entrega su vida a sus hijos. Una buena madre se dedica a sus hijos y se sacrifica por ellos. Si bien la etapa de ser madre es, en efecto, una etapa sacrificada, debemos ser cautelosas con la tendencia de nuestro corazón a adorar cosas buenas. Nuestro amor por nuestros hijos debe fluir de nuestro amor desbordante por Dios.

Como todos los ídolos, adorar a nuestros hijos nos decepcionará. Nos fallará. Podríamos descubrir que esta etapa no nos llena o completa de la manera que esperamos. La personalidad de nuestros hijos podría no ser la que imaginamos. Ser madre podría ser más difícil de lo que anticipamos. Quizás tengamos un hijo con necesidades especiales, un hijo espe-

3. Ibíd., pp. 94-95.

cialmente difícil o un hijo pródigo. O podríamos llegar a ser una madre soltera, y tener que soportar la carga de ser madre sola. Quizás nuestros hijos sean desagradecidos por todo lo que hacemos por ellos. Tal vez no nos valoren. Naturalmente, nuestros hijos llegarán a una etapa de sus vidas cuando no nos necesitarán todo el tiempo y querrán su independencia. En todos estos difíciles aspectos de ser madre, descubriremos que el ídolo de los hijos nos defrauda. ¿Cómo responderemos? ¿Qué haremos?

Dios probó a Abraham en Génesis 22 para ver si su amado hijo, Isaac, era un ídolo en su corazón: "Aconteció después de estas cosas, que probó Dios a Abraham, y le dijo: Abraham. Y él respondió: Heme aquí. Y dijo: Toma ahora tu hijo, tu único, Isaac, a quien amas, y vete a tierra de Moriah, y ofrécelo allí en holocausto sobre uno de los montes que yo te diré" (vv. 1-2). Abraham hizo lo que Dios le indicó, y tomó a Isaac para sacrificarlo: "Y extendió Abraham su mano y tomó el cuchillo para degollar a su hijo. Entonces el ángel de Jehová le dio voces desde el cielo, y dijo: Abraham, Abraham. Y él respondió: Heme aquí. Y dijo: No extiendas tu mano sobre el muchacho, ni le hagas nada; porque ya conozco que temes a Dios, por cuanto no me rehusaste tu hijo, tu único" (vv. 10-12).

A veces, Dios pondrá a prueba nuestro propio corazón para ver dónde ponemos nuestra esperanza. ¿Amamos a Dios con todo nuestro corazón? ¿Encontramos nuestra esperanza, sentido y significado en Él? Como mencioné al principio del libro, ser madres nos brinda oportunidades de cambiar y transformar nuestra vida. Esta es una buena oportunidad para ver qué hay en tu corazón, para considerar si podrías estar adorando a tus hijos y el hecho de ser madre.

La verdad del evangelio: Identidad en Cristo

Cuando los hijos son ídolos, significa que encontramos nuestra identidad en ser madres, pero esa no es la fuente de nuestra identidad. Como vimos anteriormente, somos portadoras de la imagen de Dios. Fuimos creadas para representar y reflejar a nuestro Creador. Fuimos hechas para adorar, glorificar y gozar de Dios.

Aunque esa imagen se rompió por la caída de Adán y Eva, Dios envió un segundo Adán, Jesucristo, para llevar una vida perfecta en nuestro nombre. Debido a que Él era perfecto, también podría ser un sacrificio perfecto, tomar nuestros pecados y soportar el castigo que merecíamos en la cruz. A través de la fe en Cristo y su vida perfecta, muerte sacrificial y resurrección triunfante, estamos unidas a Él y hemos sido adoptadas en la familia de Dios. Se nos atribuye la obediencia de Cristo. Debido a que Él obedeció en nuestro nombre, porque estamos unidas a Él por la fe, Dios nos mira y nos acepta. Ahora somos portadores de su imagen, redimidas. Estamos siendo hechas nuevas a la imagen de nuestro Salvador. Esa es nuestra identidad: estamos "en Cristo".

Estar en Cristo —estar en unión con Él— es fundamental para nuestra fe. Sondear las profundidades del significado de esta sorprendente verdad nos tomará una eternidad. Pablo escribía a menudo sobre nuestra unión con Cristo en sus epístolas. Jesús habló de esa unión en Juan 15–17. Aquí hay algunas verdades sobre lo que significa estar "en Cristo".

- *Comenzó en la eternidad pasada cuando Dios nos eligió en Cristo.* "Según nos escogió en él antes de la fundación del mundo, para que fuésemos santos y sin mancha delante de él" (Efesios 1:4).

- *En Cristo, tenemos perdón.* "En quien tenemos redención por su sangre, el perdón de pecados según las riquezas de su gracia" (Efesios 1:7).
- *En Cristo somos santificadas.* "A los santificados en Cristo Jesús, llamados a ser santos con todos los que en cualquier lugar invocan el nombre de nuestro Señor Jesucristo, Señor de ellos y nuestro" (1 Corintios 1:2).
- *En Cristo, se nos ha dado el Espíritu.* "En él también vosotros, habiendo oído la palabra de verdad, el evangelio de vuestra salvación, y habiendo creído en él, fuisteis sellados con el Espíritu Santo de la promesa, que es las arras de nuestra herencia hasta la redención de la posesión adquirida, para alabanza de su gloria" (Efesios 1:13-14).
- *En Cristo, somos una nueva criatura.* "De modo que si alguno está en Cristo, nueva criatura es; las cosas viejas pasaron; he aquí todas son hechas nuevas" (2 Corintios 5:17).
- *En Cristo, somos amadas.* "Yo en ellos, y tú en mí, para que sean perfectos en unidad, para que el mundo conozca que tú me enviaste, y que los has amado a ellos como también a mí me has amado" (Juan 17:23).
- *En Cristo, estamos unidas con otros miembros del Cuerpo.* "Así nosotros, siendo muchos, somos un cuerpo en Cristo, y todos miembros los unos de los otros" (Romanos 12:5).
- *En Cristo, caminamos con Él.* "Por tanto, de la manera que habéis recibido al Señor Jesucristo, andad en él; arraigados y sobreedificados en él, y confirmados en la fe, así como habéis sido enseñados, abundando en acciones de gracias" (Colosenses 2:6-7).

- *En Cristo, hemos resucitado.* "Y juntamente con él nos resucitó, y asimismo nos hizo sentar en los lugares celestiales con Cristo Jesús" (Efesios 2:6).
- *En Cristo, tenemos paz.* "Y la paz de Dios, que sobrepasa todo entendimiento, guardará vuestros corazones y vuestros pensamientos en Cristo Jesús" (Filipenses 4:7).
- *En Cristo, tenemos todo lo que necesitamos.* "Mi Dios, pues, suplirá todo lo que os falta conforme a sus riquezas en gloria en Cristo Jesús" (Filipenses 4:19).
- *En Cristo, fuimos hechas para buenas obras.* "Porque somos hechura suya, creados en Cristo Jesús para buenas obras, las cuales Dios preparó de antemano para que anduviésemos en ellas" (Efesios 2:10).

En cada etapa de nuestra vida, muchas cosas cambiarán. Las tareas y responsabilidades que tenemos hoy serán diferentes de nuestras tareas y responsabilidades dentro de diez años. De hecho, pasaremos una gran parte de nuestra vida cuidando a nuestros hijos; pero no es la única etapa de nuestra vida. No importa la etapa en la que nos encontremos, debemos recordar que estamos "en Cristo". Somos hijas de Dios. Estamos unidas con Cristo y reflejamos su imagen al mundo. Esta identidad determina cómo cumpliremos el trabajo, el rol y la labor que Dios nos ha encomendado. Nos informa cómo es para nosotras ser esposas, madres, amigas, hijas, miembros de la iglesia y compañeras de trabajo. Define cómo amamos y servimos a los demás, incluidos nuestros hijos. Esta identidad permanece con nosotras hasta la eternidad.

En vez de encontrar nuestra identidad y significado en ser madres, vivamos nuestra identidad como creyentes redimidas, como quienes están "en Cristo".

Preguntas para el corazón de una madre

1. Repasa las preguntas del capítulo 4 para ayudarte a identificar si se trata de un ídolo de tu corazón.

   ¿Cómo usas tu tiempo y tu dinero cuando se trata de tus hijos?

   ____

   ____

   ____

   ____

   ¿Cuáles son tus miedos con respecto a la etapa de ser madre?

   ____

   ____

   ____

   ____

   ¿Por qué te enojas?

   ____

   ____

   ____

   ¿Qué te controla?

   ____

   ____

   ____

¿Cuáles son tus "si solo…"?

____

____

2. ¿Qué deseo cumple este ídolo en ti?

____

____

____

3. ¿Ves que este ídolo podría considerarse un pecado "aceptable" en nuestra cultura e incluso en algunos círculos cristianos?

____

____

____

4. Lee Efesios 1. ¿Cuántas veces usa Pablo la frase "en Cristo" o "en Él?" ¿Qué significa para ti estar "en Cristo"?

____

____

____

____

Oración desde el corazón de una madre

Padre amado:

Me humillo ante ti porque me doy cuenta de que he adorado a mis hijos de diferentes maneras. Un hijo es una buena dádiva que viene de ti y, en lugar de recurrir a ti en agradecimiento por esa dádiva, he recurrido a él en adoración.

Perdóname por buscar sentido y significado en mi rol de madre. Perdóname por los pecados que he cometido al perseguir a este ídolo. Perdóname por los sacrificios que he hecho al aferrarme a él.

Te alabo por la verdad de que estoy "en Cristo". ¡Qué gracia tan maravillosa! Te agradezco porque me miras y ves a tu Hijo. Al pensar en cada verdad sobre mi unión con Cristo, mi corazón se llena de gratitud por todo lo que has hecho. Ayúdame a recordar quién soy gracias a lo que Él ha hecho.

En el precioso nombre de Jesús,

Amén.

6

EL ÍDOLO DE LOS LOGROS Y EL ÉXITO

La guerra de las madres. Es una expresión que se ha utilizado en las últimas décadas. Reaparece de vez en cuando en las noticias, las redes sociales y la blogósfera, donde también resurgen todos los antiguos conflictos y argumentos. ¿De qué trata la guerra de las madres? Son conflictos entre mujeres sobre aspectos de la crianza de los hijos: lactancia materna versus alimentación con biberón; practicar el colecho versus hacer dormir al bebé en su cuna; madres amas de casa versus madres que trabajan, etc. Las madres toman partido sobre estos temas y se mantienen firmes frente a otras madres a quienes señalan, juzgan y critican.

Navega por las redes sociales y, sin duda, encontrarás declaraciones hechas a favor de uno u otro lado de la guerra de las madres. Una amiga podría publicar un artículo sobre por qué la lactancia materna es mejor para los bebés. Es posible que notes que otra mamá amiga señale varias publicaciones relacionadas con el colecho. O puedes ver un comentario de una amiga en la publicación de la red social de alguien, donde dice lo que opina sobre algún aspecto de la crianza de los hijos. En medio de todo esto, se produce en ti algún tipo de respuesta emocional. Tal vez te encuentres juzgando a tus amigas por lo que publicaron o te sientas culpable por hacer algo de manera diferente.

Esta guerra de las madres apunta a algo que muchas madres adoran: los logros y el éxito.

Él ídolo de los logros y el éxito

Como madres, queremos hacerlo todo a la perfección. Investigamos, estudiamos, planificamos y nos preparamos para aprender la mejor manera de criar a nuestros hijos. Queremos que nuestros hijos sean saludables, felices y productivos en la vida. Queremos que tengan la mejor educación. Queremos que practiquen los deportes indicados. Queremos que vayan vestidos los mejores. Como mujeres cristianas, queremos que nuestros hijos nos obedezcan sin discutir, que amen a Jesús, sirvan a los demás y se porten bien, especialmente con otros cristianos.

> *Cuando adoramos el éxito, nuestros hijos se convierten en medallas. Los exhibimos para que todos vean cuán bien hemos hecho el trabajo.*

Si hay un libro sobre crianza de los hijos, lo tenemos. Nos subscribimos a todas las revistas para madres. Si no sabemos qué hacer en una situación dada, buscamos la solución en línea. Cualquiera que sea el método que elijamos, descansamos en ese método. Ponemos nuestra esperanza en los resultados: cómo se comportan, cómo son y qué logran nuestros hijos.

Creemos en la antigua suposición de que, si haces las cosas bien, tu vida será bendecida. Tomamos la sabiduría para padres del libro de Proverbios como promesas literales. Apostamos nuestra vida a la creencia de que, si criamos bien a nuestros hijos, si somos buenas madres, nuestros hijos saldrán bien. En el cristianismo, esto significa que, si seguimos el modelo de crianza adecuado —elige el que quieras—, nuestros hijos serán salvos y honrarán a Dios con sus vidas cuando crezcan.

Siempre nos afanamos por lo que viene después. Cuando llega el momento de la conferencia para padres en la escuela de nuestros hijos, vamos preparadas con un cuaderno y un bolígrafo, listas para tomar nota sobre lo que podemos hacer para ayudar a nuestros hijos a sobresalir. En preescolar preparamos a nuestros hijos para la etapa siguiente y les hacemos practicar letras y números cada vez que podemos. Cuando están en la escuela primaria, pensamos por adelantado en los años cuando asistan a la escuela intermedia, tal vez incluso los registramos en actividades deportivas que seguirán practicando en sus años universitarios. En la escuela intermedia, los preparamos para la escuela secundaria. Los años de la escuela secundaria están centrados en actividades académicas y deportivas que los ayudarán a ingresar a la mejor universidad.

Como madres, queremos que nuestro hijo sea el mejor de la clase, el máximo anotador del equipo y el que conoce todas las respuestas de las lecciones en la escuela dominical. Entonces nos obligamos y forzamos a nuestros hijos a ser sobresalientes. No descansamos hasta que hayamos alcanzado nuestros objetivos. Llevamos a nuestros hijos a todas las actividades posibles, los estresamos y los llenamos de ansiedad. No solo eso, sino que nos agotamos tratando de cumplir con lo que nuestra cultura retrata como la imagen de una madre perfecta.

Cuando adoramos el éxito, nuestros hijos se convierten en medallas. Los exhibimos para que todos vean cuán bien hemos hecho el trabajo. Si, de alguna manera, nuestros hijos fallan, lo tomamos demasiado en serio. Nos enojamos con ellos por avergonzarnos. Nos sentimos decepcionadas como si la ley de la vida nos hubiera fallado. Pensamos: "¿Cómo sucedió eso? Hice todo bien. Se supone que mi hijo debe ser _____, hacer _____ y lograr _____". Como escribió Paul Tripp: "Comenzamos a necesitar que sean lo que deberían ser para poder tener una sensación de logro y éxito. Comenzamos a ver a nuestros hijos como nuestros trofeos en lugar de verlos como criaturas de Dios. En el secreto de nuestro corazón, queremos exhibirlos sobre la repisa de nuestra vida como testimonios visibles de un trabajo bien hecho. Cuando no cumplen con nuestras expectativas, no nos dolemos ni luchamos por ellos, sino que nos enojamos con ellos, luchamos contra ellos y, de hecho, lloramos por nosotros mismos y nuestra pérdida. Nos enojamos porque nos han quitado algo valioso, algo que hemos atesorado, algo que ha llegado a gobernar nuestro corazón: una reputación de éxito".[1]

Tim Keller define el ídolo de los logros y el éxito de esta manera: "El éxito y el logro personal conducen a la sensación

---

1. Paul Tripp Ministries. https://www.paultripp.com/articles/posts/the-idol-of-success (consultado el 25 de abril de 2017).

de que nosotros mismos somos Dios, que nuestra seguridad y valor descansan en nuestra propia sabiduría, fortaleza y rendimiento… Una señal de que has hecho del éxito un ídolo es la falsa sensación de seguridad que trae… La falsa sensación de seguridad viene de endiosar nuestros logros y esperar que nos guarde de los problemas de la vida cuando solo Dios puede hacerlo".[2] Cuando adoramos al ídolo de los logros y el éxito, confiamos en nuestro método para la crianza de los hijos y en nuestro buen desempeño. Descansamos en nuestros logros más que en la gracia de Dios.

Cuando adoramos al ídolo de los logros y el éxito, confiamos en nuestro método para la crianza de los hijos y en nuestro buen desempeño. Descansamos en nuestros logros más que en la gracia de Dios.

Cuando nos comparamos y comparamos a nuestros hijos con otros

Todas la conocemos: la amiga que lo tiene todo, la que tiene completamente todo. Sus hijos siempre están perfectamente vestidos. Su casa es hermosa y la sala de juegos de sus hijos es exactamente lo que siempre has querido. Su esposo está siempre atento a ayudar con los niños. Hace participar a sus hijos en muchas actividades. Siempre tienen los juguetes más nuevos.

2. Timothy Keller, *Counterfeit Gods: The Empty Promises of Money, Sex, and Power, and the Only Hope that Matters* (Nueva York, NY: Dutton, 2009), p. 75. Publicado en español por Editorial Vida con el título *Dioses falsos: Las huecas promesas del dinero, el sexo y el poder, y la única esperanza verdadera.*

Cada vez que llevas a tus hijos a su casa para jugar con sus hijos, siempre te quedas pensando: "Su hijo parece más adelantado en su desarrollo que el mío. ¿Debería hacer algo diferente? Me encanta la forma en que viste a su hija. Necesito averiguar dónde compra la ropa. Ojalá tuviéramos el espacio de juego que ella tiene. Ella registró a su hijo en fútbol; tengo que registrar al mío también...".

Comparación. Todas lo hacemos. Todas nos comparamos y comparamos a nuestros hijos, nuestra familia, nuestras experiencias y nuestras posesiones con lo que otros tienen. Cuando el hijo de una amiga comienza a gatear a los seis meses, nos preguntamos qué le pasa a nuestro hijo, que parece feliz con solo rodar de un lugar a otro. Una amiga podría registrar a su hijo en una escuela en particular y nos preguntamos si deberíamos hacer lo mismo. Comparamos nuestras técnicas de crianza con las de ellas. Vemos las actividades manuales que nuestras amigas comparten en línea y nos sentimos fracasadas porque nuestra idea de hacer manualidades con nuestros hijos consiste en una caja de crayones y una pila de papel.

Todas nos comparamos y comparamos a nuestros hijos, nuestra familia, nuestras experiencias y nuestras posesiones con lo que otros tienen.

He visto a amigas que parecen tenerlo todo y deseé poder estar en su lugar, al menos por un día. Admiré las salas que mis amigas tienen para la escolarización de sus hijos en el hogar, y quise tener lo mismo. Observé el desarrollo del hijo de mi amiga y lo comparé con el de mi hijo. He recorrido las redes sociales y me he preguntado por qué mi vida no es tan emocionante como la de mis amigas. En el secreto de mi corazón, he deseado encontrar una grieta en su armadura, una imperfección de algún tipo, para poder ver que no son tan perfectas como parecen. A veces, veo sus debilidades y encuentro placer al enterarme de que su vida no es tan perfecta después de todo.

Esa comparación se basa en el ídolo de los logros y el éxito. Nos comparamos con los demás porque siempre buscamos hacer las cosas bien. Como señaló Kyle Idleman: "El dios de los logros nos ofrece un método de medición".[3] Nos gusta saber dónde estamos paradas. ¿Estamos criando bien a nuestros hijos? Miramos a los demás para ver cómo nos va. Nos sentimos bien con nosotras mismas si lo estamos haciendo mejor que los demás y nos felicitamos cuando hacemos bien las cosas. Y si no estamos a la altura de los demás, nos sentimos culpables y comenzamos a trabajar mucho más duro en la carrera tras el éxito en la crianza de nuestros hijos.

La crítica de otros

Otro aspecto del ídolo de los logros y el éxito se ve más notablemente en la guerra de las madres mencionada anteriormente. Como madres, somos rápidas para criticar y censurar las decisiones de otras madres a la hora de criar a sus hijos. Vemos mal a aquellas que no hacen lo que creemos que es correcto. Nos frustramos con las mujeres que no trabajan lo suficiente en etapa como madres. Tenemos poca paciencia

---

3. Kyle Idleman, *Gods at War: Defeating the Idols that Battle for Your Heart* (Grand Rapids, MI: Zondervan, 2013), p. 174. Publicado en español por Editorial Vida con el título *Dioses en guerra: Cómo derrotar a los ídolos que combaten por apoderarse de tu corazón.*

para aquellas que no se molestan en investigar y comprender todos los problemas.

Encasillamos a las personas. Solo una mirada a una madre y de inmediato sabemos si es permisiva o estricta, si usa la televisión para entretener a sus hijos o no, o si amamanta a su bebé cada vez que él quiere o si cumple con un horario. Observamos a las madres que crían a sus hijos de manera diferente a la nuestra y decidimos que no queremos asociarnos con esa clase de personas. Si nos enteramos de que una amiga tiene otra perspectiva que la nuestra en materia de crianza de los hijos, la vemos de otra forma, y no es agradable. En la tienda de comestibles, cuando vemos a un niño pequeño hacer una rabieta, observamos cómo responde la madre. La encasillamos según lo que haga.

Esta crítica se extiende por todas partes. Nuestros padres son críticos con nuestra manera de criar a nuestros hijos. Nosotras a su vez somos críticas sobre cómo nos criaron. Criticamos a los ricos y famosos por las decisiones con respecto a la crianza de sus hijos, las cuales aparecen en los tabloides. Criticamos a las personas por lo que publican en las redes sociales. Criticamos a los extraños en la calle que dejan que sus hijos se suban a todo lo que encuentran, a los vecinos que no saben dónde están sus hijos en un momento dado y a las amigas que les permiten comer azúcar refinada. A veces, criticamos en voz alta a los culpables, a veces criticamos en voz baja a otras amigas, y otras veces nos reservamos la opinión (mientras todo el tiempo nos sentimos superiores porque sabemos el secreto de una crianza exitosa).

Esa crítica nos separa de los demás. En lugar de ser de ayuda y apoyo mutuo en la crianza de nuestros hijos, las madres se convierten en competidoras. Nos tratamos como si estuviéramos en diferentes equipos, como si hubiera algún premio y solo una de nosotras pudiera obtenerlo. En lugar de alentarnos y edificarnos mutuamente, nos destruimos mutuamente con nuestros chismes y comentarios despreciativos.

El éxito en la Biblia

El éxito en la Biblia es diferente al del mundo. El mundo ve el éxito en términos de números: dólares y centavos, seguidores, años de experiencia, valor de mercado, porcentaje en una prueba, etc. Cuando se trata de la crianza de los hijos, el mundo ve el éxito como la forma en que nuestros hijos resultan, si son sanos, felices y miembros funcionales de la sociedad. Aún mejor, los padres se consideran exitosos si sus hijos ingresan a una buena universidad, consiguen un buen trabajo y ganan un buen salario. Y hay diversas teorías sobre cómo hacerlo.

Dios no busca a quienes ya lo tienen completamente todo; Él usa a los débiles y los hace fuertes.

En contraste, la Biblia considera el éxito como el cumplimiento de los propósitos del reino de Dios. Como lo es vivir para servir en lugar de ser servido. Como lo es obedecer a Dios incluso cuando nadie lo hace. Como lo es vivir en la luz cuando todo es oscuridad. Como lo es morir a uno mismo. El éxito bíblico se encuentra en la mansedumbre, la humildad, la obediencia, el sacrificio y la muerte.

Dios no busca a quienes ya lo tienen completamente todo; Él usa a los débiles y los hace fuertes. Considera a María, por ejemplo. Era una joven adolescente a punto de casarse. Pobre a los ojos del mundo, su futuro esposo no era más que un carpintero. Sin embargo, Dios la eligió para ser la madre del Salvador. Jesús no nació en un castillo ni se crio como un miembro de la realeza; más bien, nació en un establo y vivió una vida pobre. Si bien, en ocasiones, tuvo muchos seguidores durante su ministerio, al final, tuvo once discípulos, que se dispersaron cuando más los necesitó.

Pablo describe esta perspectiva diferente en 1 Corintios 1:

> Pues mirad, hermanos, vuestra vocación, que no sois muchos sabios según la carne, ni muchos poderosos, ni muchos nobles; sino que lo necio del mundo escogió Dios, para avergonzar a los sabios; y lo débil del mundo escogió Dios, para avergonzar a lo fuerte; y lo vil del mundo y lo menospreciado escogió Dios, y lo que no es, para deshacer lo que es, a fin de que nadie se jacte en su presencia. Mas por él estáis vosotros en Cristo Jesús, el cual nos ha sido hecho por Dios sabiduría, justificación, santificación y redención; para que, como está escrito: El que se gloría, gloríese en el Señor (vv. 26-31).

Necesitamos recordar que los logros y el éxito como madres se ve diferente de lo que leemos en las revistas sobre la crianza de los hijos. Es diferente de lo que están haciendo las madres en nuestras clases de "mamá y yo" o lo que percibimos que está sucediendo en la vida de las demás madres a través de las redes sociales. El éxito bíblico implica buscar a Dios primero y vivir para su gloria en todo lo que hacemos. Está basado en su gracia para vivir nuestro llamado como madres, sin confiar en nuestra propia fuerza, habilidades, conocimiento o trabajo duro. En definitiva, nuestro éxito se encuentra en Cristo. En Él nos gloriamos.

La verdad del evangelio: Somos dignas en Cristo

Cuando adoramos los logros y el éxito, buscamos nuestro valor en lo que logramos. Nuestros éxitos tienen la última palabra sobre lo que valemos. Depende de nosotras y de nuestros esfuerzos en producir en nosotras ese valor. El ídolo del éxito nunca está satisfecho, por lo que nos debemos seguir esforzando, trabajando y logrando cosas. Si dejamos de hacerlo, fracasamos o nuestros hijos no salen como esperábamos, nuestro aparente valor se esfuma.

Sin embargo, el evangelio proclama algo diferente. Dios no nos ama por nada de lo que hagamos. Si somos la mejor madre del vecindario o si nuestro hijo tiene el mejor promedio de la clase no influye en lo que Dios piensa de nosotras. La verdad es que no hay nada que podamos realizar para ser dignas de un Dios santo y justo. Debido al pecado, fuimos separadas de Dios. Estábamos muertas en nuestros delitos y pecados. Por nosotras mismas, todo lo que queremos, deseamos y buscamos es el pecado.

> *El éxito bíblico implica buscar a Dios primero y vivir para su gloria en todo lo que hacemos.*

A no ser por la gracia de Dios.

Efesios afirma que Dios nos eligió antes de la fundación del mundo (Efesios 1:4). Él nos creó a su imagen. "Te alabaré; porque formidables, maravillosas son tus obras; estoy maravillado, y mi alma lo sabe muy bien" (Salmos 139:14). Mientras todavía éramos pecadores, Cristo murió por nosotros (Romanos 5:8). El Espíritu nos despertó de la muerte y nos dio vida nueva. Se nos ha dado el don de la fe y somos salvas del castigo de nuestros pecados: "Porque la paga del pecado es muerte, mas la dádiva de Dios es vida eterna en Cristo Jesús Señor nuestro" (Romanos 6:23). El Espíritu Santo vive en nosotras, nos consuela, nos guía y nos cambia. Cristo nuestro Señor intercede ante el Padre por nosotras y nos cubre con su justicia. Tenemos la promesa de vida eterna en la presencia de Dios. Recibimos todo esto por la gracia de Dios; no hacemos nada para obtenerla o alcanzarla.

Mamás, somos dignas y muy valiosas, pero no se basa en nuestros logros. No se trata de nuestro éxito como madres. No se trata de qué tan bien resulten nuestros hijos. Nuestro valor se basa en quién es Cristo para nosotras y lo que Él logró en nuestro nombre.

¿Adoras los logros y el éxito? ¿Crees que vales por tus habilidades y logros como madre? ¿Encuentras tu valor en el buen desempeño de tus hijos? Tómate un tiempo para orar por este ídolo y pide al Espíritu que te ayude a identificar si es un ídolo para ti. Recuerda, eres digna en Cristo. No puedes hacer nada para que Él te ame más de lo que te ama en este momento. Si fallas como madre, Él no te amará menos. Descansa en esta verdad hoy.

Preguntas para el corazón de una madre

1. ¿Alguna vez has comparado tu vida con la de otras mamás que conoces? ¿Qué sucede en tu corazón cuando tu vida parece menos en comparación?

   ____

   ____

2. ¿Criticas a otras mamás? ¿Por qué crees que sus decisiones son tan importantes para ti?

   ____

   ____

3. Tómate un momento para meditar y orar por tus creencias sobre el éxito en la crianza de tus hijos.

   ¿Cómo defines el éxito como madre? ¿Cómo se ve?

   ____

   ____

   ¿Qué te hace sentir exitosa como madre? ¿Crees que tienes que tener éxito en la crianza de tus hijos?

   ____

   ____

   ____

   ¿Crees que lo bien que te va como madre tiene una correlación directa con lo bien que les va a tus hijos en la vida?

   ____

   ____

   ____

¿Qué cabida tiene el propósito redentor de Dios en nuestra vida y en la vida de nuestros hijos en esa creencia?

____

____

____

____

4. Considera tus respuestas emocionales. ¿Te enojas con otras mamás, especialmente cuando toman una decisión diferente a la tuya con respecto a la crianza de los hijos? ¿Cómo respondes cuando tus hijos fallan en algo? ¿Qué tal cuando fallas en alguna área de la crianza de los hijos?

____

____

____

____

5. Lee Filipenses 2:1-11. ¿De qué manera debemos ser como Cristo? ¿Cómo se ve esto en nuestras actitudes y comportamiento hacia otras mamás?

____

____

____

____

Oración desde el corazón de una madre

Padre amado:

Justo hoy, estuve disfrutando y me he gloriado del éxito de mi hijo. Ahora veo que me he estado comparando y he comparado a mis hijos con los demás. Incluso veo que he menospreciado a otras mamás por no criar a sus hijos de la misma manera que yo.

Perdóname por hacer esto. Perdóname por encontrar mi valía en el éxito. Perdóname por buscar los elogios y la afirmación de los demás.

Gracias porque soy digna en Cristo. Gracias porque Jesús "no estimó el ser igual a Dios como cosa a que aferrarse, sino que se despojó a sí mismo, tomando forma de siervo, hecho semejante a los hombres; y estando en la condición de hombre, se humilló a sí mismo, haciéndose obediente hasta la muerte, y muerte de cruz" (Filipenses 2:6-8). Gracias porque no buscó el éxito como el mundo lo ve, sino que dio su vida por mí, para que su éxito fuera mío.

Ayúdame a luchar contra este ídolo del éxito mediante la obra y la gracia del Espíritu.

En el nombre de Jesús,

Amén.

7

EL ÍDOLO DE LA COMODIDAD

¿Te suena familiar este escenario?

Los niños han estado enfermos durante días. Al principio, fue uno de tus hijos que se contagió en la guardería de la iglesia. Estuviste despierta toda la noche para cuidarlo y darle medicina cada pocas horas. Al poco tiempo, otro de tus hijos se enfermó. Y luego otro.

Estás agotada. Estás cansada de estar enclaustrada en tu casa. Los niños están irritables y dependientes. Tu esposo está fuera de la ciudad por trabajo y los minutos parecen no pasar nunca hasta su regreso.

Esperas con ansias el final del día y cuentas las horas para poder ir a la cama. Lo que más deseas es un tazón de tu postre helado favorito y sentarte frente al televisor. De hecho, después de los últimos días de locos que has tenido, te mereces tiempo para ti para hacer lo que quieras. Necesitas un poco de ese "tiempo para mí". ¿Correcto?

Quizás no sea un tazón de helado o una temporada completa de tu serie favorita lo que esperas con ansias. Tal vez deseas otra cosa. Tal vez sea una taza grande de café moka o una tarde de compras en el centro comercial. Podría ser un día en el spa o escaparte dentro de las páginas de un libro. Puede que sea navegar por Facebook o Instagram. Sea lo que sea, buscas esa cosa que te brinde placer y comodidad.

Como madre, he estado en esa condición de debilidad y agotamiento. Me he cansado de las tareas rutinarias propias de esta etapa de la vida, de tener que dar la misma instrucción y la misma lección una y otra vez, solo para tener que repetirla al día siguiente. Me he sentido sola, enclaustrada y poco valorada. En esos momentos, me he sentido tentada a recurrir a algo que me traiga placer. A veces ha sido algo dulce. Otras veces, ha sido una salida de compras. Llegué a ir por un refresco o un café por la tarde y pensar: "Me lo merezco después del día que tuve".

Mis hijos ya han crecido un poco y no me agotan como cuando eran más pequeños, pero incluso ahora cuando llega el final del día tengo ganas de estar sola para poder concentrarme frente al televisor. Es parte de mi rutina nocturna que espero con ansias. Es mi tiempo sagrado. Y es para mí.

El ídolo de la comodidad

La comodidad y el placer son los dioses de esta época y de este mundo. Los comerciales y los anuncios publicitarios buscan atraernos para que compremos cualquier cosa placentera que estén vendiendo. Todos se ven felices y despreocupados mientras disfrutan de su producto. Las tiendas de comestibles y los restaurantes usan palabras como "comida reconfortante", "jugoso", "delicioso y exquisito", "dulce antojo" para atraernos. Podemos comenzar a ver una temporada de una serie de televisión y no parar hasta terminar de verla de una vez, si así lo deseamos. Las oportunidades de entretenimiento son infinitas. Hay más formas de gastar dinero en nosotras mismas que nunca antes. Y no tenemos que esperar mucho; todo puede descargarse en un instante o recibirlo en nuestra puerta en menos de veinticuatro horas.

En nuestra cultura, el placer se considera un derecho. Sea lo que sea que queramos, la sociedad dice que debemos buscarlo de lleno y con entusiasmo. Mira cualquier programa de televisión e, inevitablemente, alguien hablará con una amiga sobre una decisión que debe tomar. La respuesta siempre es: "¿Qué te hace feliz?". La búsqueda de la felicidad es una prioridad sobre los compromisos, las responsabilidades y las necesidades de los demás. No importa las consecuencias, se considera que buscar lo que nos produce placer es lo más importante que podemos hacer por nosotras mismas. Vemos esto en la manera como las personas viven su sexualidad, usan su dinero, pasan su tiempo y en la comida que ingieren. Para algunas, la búsqueda del placer y la comodidad se convierte en una adicción, una que controla y gobierna sus vidas.

La comodidad y el placer son los dioses de esta época y de este mundo.

Tales placeres sirven como anestésicos para el alma.[1] Nos

1. Dan B. Allender y Tremper Longman III, *Breaking the Idols of Your Heart: How to Navigate the Temptations of Life* (Downers Grove, IL: Intervarsity Press, 2007), p. 100.

insensibilizan ante las crudas realidades de la vida. Son recompensas temporales a las pruebas y los problemas de nuestros días. Por un tiempo, nos hacen olvidar. Nos distraen y nos ayudan a escapar de la vida real. Para algunas, dan sentido al aburrimiento rutinario y cotidiano de la vida. Para otras, la comodidad y el placer enmascaran las dolorosas circunstancias que enfrentan. Y, para otras, el placer es el coanfitrión indicado para darse un festín de autocompasión.

Cuando somos madres, no nos faltan razones por las cuales nos gustaría escapar, adormecernos o encontrar placer en algo. Quizás pensábamos que encontraríamos nuestra felicidad en el hecho de ser madre, pero nuestras expectativas demostraron estar equivocadas. Es posible que tengamos un hijo con problemas o necesidades especiales, necesidades que nos sentimos incapaces de atender. Podríamos sentirnos solas sin ayuda ni apoyo. O tal vez nuestro papel como madre nos parezca aburrido, difícil o poco gratificante. Nuestra vida en esta etapa puede ser estresante y agotadora. Cualquiera que sea la razón, este ídolo dice que nos merecemos placer. Nos merecemos una distracción y una vía de escape. Lo necesitamos para hallar la felicidad.

El problema con el ídolo de la comodidad es que nunca se llena y nunca se sacia. Es como un cubo con un agujero en el fondo. Lo llenamos e inmediatamente se vacía. Ese pote de helado solo dura un tiempo y luego desaparece. Podemos evadirnos en Facebook hasta que el bebé se despierta, y luego la realidad nos golpea. El programa de televisión que estamos mirando finalmente termina. Y seguimos siendo la misma persona con los mismos problemas. El ídolo de la comodidad solo proporciona un aplazamiento temporal. Nunca puede llenar el vacío. Por eso, siempre queremos más y más de lo que sea ese placer. Es un ídolo cuya hambre nunca se sacia. Como Allender y Longman escriben: "Cuando la vida es dura, el placer puede ser más que una distracción. Puede convertirse fácilmente en una necesidad. Pasamos fácilmente de un disfrute moderado de la experiencia sensual a un deseo que nos consume".[2]

El ídolo de la comodidad también nos aleja de nuestras responsabilidades.

Otro problema con el ídolo de la comodidad es que comenzamos a pensar que tenemos derecho al placer y la comodidad. Nos lo merecemos. Entonces organizamos nuestros días con eso en mente. Lo exigimos. Cuando algo o alguien nos aleja de lo que nos proporciona placer, respondemos con ira. Comenzamos a resentirnos con los que interfieren. Ese hijo que se niega a tomar una siesta se convierte en un obstáculo para nuestro tiempo sagrado de Netflix. Cuando por fin podemos sentarnos al final del día y escuchamos "¡mamá!", suspiramos con exasperación porque en nuestra mente ya habíamos terminado el día.

El ídolo de la comodidad también nos aleja de nuestras responsabilidades. Nos lleva a ver un episodio tras otro en lugar de jugar con nuestros hijos. Navegamos por las redes sociales innumerables veces durante el día, para espiar la vida de nuestras amistades en lugar de vivir nuestra propia vida. Cuanto más buscamos nuestra comodidad y nuestro placer, más nos persiguen. Decepcionamos a los demás y no cumplimos con nuestras responsabilidades diarias porque nuestro placer se ha convertido en nuestro amo.

---

2. Ibíd., p. 102.

El placer apunta hacia Dios

No me malinterpretes. El placer no es algo malo. Todas las cosas buenas que disfrutamos en la vida son dádivas de Dios. Los alimentos que comemos, el entretenimiento que disfrutamos, la risa y la diversión que experimentamos con los demás, son cosas buenas. Dios nos da cosas buenas porque nos ama. No tenía que crearnos con nuestros sentidos. No tenía que hacernos con la capacidad de sentir el aroma de los granos de café tostado o de degustar la dulce delicia del helado de caramelo, pero lo hizo. Son bendiciones para que disfrutemos. "Él hace producir el heno para las bestias, y la hierba para el servicio del hombre, sacando el pan de la tierra, y el vino que alegra el corazón del hombre, el aceite que hace brillar el rostro, y el pan que sustenta la vida del hombre" (Salmos 104:14-15). "Pues si vosotros, siendo malos, sabéis dar buenas dádivas a vuestros hijos, ¿cuánto más vuestro Padre que está en los cielos dará buenas cosas a los que le pidan?" (Mateo 7:11).

De hecho, Dios promete darnos recompensas y placeres tanto en esta vida como en la venidera. Promete saciar nuestras necesidades aquí y ahora. Promete estar con nosotras y nunca abandonarnos. Nos ha dado el don de su Espíritu que nos consuela, anima, instruye, convence y enseña. También nos hizo herederas con Cristo de su reino. Al igual que los levitas, nuestra herencia no es una parcela de tierra, sino que es Dios mismo. Cristo compró para nosotras la vida eterna en la presencia de Dios: "En la casa de mi Padre muchas moradas hay; si así no fuera, yo os lo hubiera dicho; voy, pues, a preparar lugar para vosotros. Y si me fuere y os preparare lugar, vendré otra vez, y os tomaré a mí mismo, para que donde yo estoy, vosotros también estéis" (Juan 14:2-3).

Los placeres que Dios nos promete en Cristo son más ricos y gratificantes que cualquier cosa que disfrutamos en este tiempo. Como escribió C. S. Lewis: "Si consideramos las claras promesas de recompensa y la asombrosa naturaleza de las recompensas prometidas en los evangelios, parecería que nuestro Señor no encuentra nuestros deseos demasiado fuertes, sino demasiado débiles. Somos criaturas asustadizas que pierden el tiempo con la bebida, el sexo y la ambición cuando se nos está ofreciendo una alegría infinita, como un niño ignorante que quiere seguir jugando con el barro en los suburbios porque no se puede imaginar lo que significa el ofrecimiento de unas vacaciones junto al mar. Nos conformamos muy fácilmente".[3]

Todas las cosas buenas que disfrutamos en la vida son dádivas de Dios.

En última instancia, todas las dádivas de Dios apuntan hacia Él mismo. Las cosas que disfrutamos en esta vida están destinadas a recordarnos la bondad de Dios, a darnos una muestra del gozo superior que nos espera en la eternidad. Tal placer "enriquece el corazón y el cuerpo, y al mismo tiempo, paradójicamente, hace que el corazón tenga hambre y sufra por lo que ningún placer terrenal puede proporcionar: un encuentro directo y poderoso con Dios".[4]

Las cosas que probamos, las cosas que sentimos, las cosas que experimentamos, todas las cosas que disfrutamos están destinadas a ayudarnos a disfrutar y conocer más a Dios. Los

3. C. S. Lewis, *The Weight of Glory* (Nueva York, NY: HarperCollins, 1949), p. 26. Publicado en español por HarperCollins con el título *El peso de la gloria*.

4. Allender y Longman, pp. 102-103.

placeres físicos nos ayudan a apreciar y comprender los placeres espirituales. "Además de nuestra experiencia de estómagos vacíos y gargantas resecas, vientres llenos, sed saciada y la increíble variedad de gustos, nuestra vida espiritual se empobrecería y no tendríamos un vocabulario real para el deseo espiritual, ni un marco mental y emocional para comprometernos con Dios".[5] Debido a esto, Juan 6:51 cobra sentido: "Yo soy el pan vivo que descendió del cielo; si alguno comiere de este pan, vivirá para siempre; y el pan que yo daré es mi carne, la cual yo daré por la vida del mundo". Dado que conocemos el dulce sabor de la miel, podemos identificarnos con las palabras de David: "¡Cuán dulces son a mi paladar tus palabras! Más que la miel a mi boca" (Salmos 119:103).

El problema es que cuando la comodidad es un ídolo, amamos las dádivas de Dios en lugar de amar al Dador, Dios mismo. Buscamos la dádiva como si fuera nuestro salvador. En lugar de recibir las dádivas de Dios con gratitud y darle gracias, tomamos esas dádivas como un derecho y las exigimos. Somos como Veruca Salt en la historia de Roald Dahl, *Charlie y la fábrica de chocolate*. Ella era el epítome de una niña mimada y consentida que le pedía a su padre lo que quería, y esperaba recibirlo en ese mismo instante. En la adaptación cinematográfica del libro, ella cantó: "¡Quiero que mi gansa ponga huevos de oro todos

Cuando la comodidad es un ídolo, amamos las dádivas de Dios en lugar de amar al Dador, Dios mismo.

5. Joe Rigney, *The Things of Earth: Treasuring God by Enjoying His Gifts* (Wheaton, IL: Crossway, 2015), p. 81.

los días! Cientos cada día. Y quiero, además, un gran festín, de caramelos, y muchas domas con dulces de pomas y tarta de moras. También un globo, quiero una fiesta, muchos pasteles cubiertos de mieles, muchos peleles, para bailar ya. Quiero llevar, entre mis manos, el mundo entero y todo lo quiero de chocolate, dámelo a mí, ya".[6]

Como madres, podemos disfrutar de un tiempo para nosotras mismas. Tener momentos de tranquilidad, descanso y relajación es importante. Nuestro cuerpo y nuestra mente necesitan descansar. Durante ese tiempo, desde luego, podemos disfrutar de una taza de café o algún otro placer. Para algunas, puede significar salir a caminar o correr. Para otras, puede significar dedicarse a un pasatiempo o buscar una salida creativa. Podría significar hornear pan casero o pintar sobre lienzo. Puede significar leer un libro o hablar con una amiga.

Sin embargo, cualquier cosa que hagamos para disfrutar de un tiempo para nosotras mismas no puede implicar poner nuestra esperanza en esas cosas. No puede ser aquello a lo que recurramos como una distracción para nuestra desesperanza. No puede ser lo que llene nuestro vacío.

Mamás, necesitamos descanso. Necesitamos ayuda y esperanza durante los días difíciles de esta etapa como madres. Entonces, cuando nos tomemos un tiempo para descansar, tomemos también un tiempo para acercarnos a Dios y buscarlo. Podemos buscarlo en oración para contarle las luchas de cada día, nuestros temores sobre nuestros hijos y cuán solas nos sentimos. Podemos decirle que nos sentimos incompetentes

---

6. *Willie Wonka and the Chocolate Factory*. Dir. Mel Stuart. Paramount, 1971. Película en español *Charlie y la fábrica de chocolate.*

para la tarea e indefensas en esta etapa como madres. Podemos clamar a Él para pedirle sabiduría, gracia y fortaleza.

Nuestro Dios nos escucha porque estamos unidas a Cristo. Podemos confiar en que Él será para nosotras lo que no podemos ser para nosotras mismas. Tomemos un tiempo para acudir a su Palabra y volver a recordar el gran amor de Dios por nosotras en Cristo. En lugar de recurrir a un dios sustituto que nos dé felicidad temporal, recurramos al Único que nos da verdadero gozo: "En tu presencia hay plenitud de gozo; delicias a tu diestra para siempre" (Salmos 16:11).

La verdad del evangelio: Gozo en Cristo

Cuando adoramos la comodidad y el placer, buscamos gozo y felicidad en algo que nunca nos puede alegrar. El gozo profundo y duradero se encuentra solo en Cristo:

> Bendito el Dios y Padre de nuestro Señor Jesucristo, que según su grande misericordia nos hizo renacer para una esperanza viva, por la resurrección de Jesucristo de los muertos, para una herencia incorruptible, incontaminada e inmarcesible, reservada en los cielos para vosotros, que sois guardados por el poder de Dios mediante la fe, para alcanzar la salvación que está preparada para ser manifestada en el tiempo postrero. En lo cual vosotros os alegráis, aunque ahora por un poco de tiempo, si es necesario, tengáis que ser afligidos en diversas pruebas, para que sometida a prueba vuestra fe, mucho más preciosa que el oro, el cual aunque perecedero se prueba con fuego, sea hallada en alabanza, gloria y honra cuando sea manifestado Jesucristo, a quien amáis sin haberle visto, en quien creyendo, aunque ahora no lo veáis, os alegráis con gozo inefable y glorioso; obteniendo

> el fin de vuestra fe, que es la salvación de vuestras almas (1 Pedro 1:3-9).

Nuestro gozo no proviene de nosotras mismas. No podemos producirlo. No se encuentra en algo que hagamos. Se encuentra en Cristo. Nuestro gozo se halla en conocer a Dios y que Él nos conozca. De hecho, la vida eterna es conocer a Dios: "Y esta es la vida eterna: que te conozcan a ti, el único Dios verdadero, y a Jesucristo, a quien has enviado" (Juan 17:3).

Este gozo no depende de las circunstancias, sino que está enraizado en lo que Cristo ha hecho por nosotras. El gozo es el que toma del brazo a otras emociones, como el miedo y la tristeza, y las escolta en medio de las pruebas y las dificultades de la vida. Es un gozo que se siente cómodo con el llanto, pero cuyas lágrimas no nublan su visión porque sabe que la gloria está del otro lado de las pruebas. Este gozo no está ligado a este mundo, sino a otro, a la eternidad donde viviremos para siempre en la presencia de nuestro Salvador. Como escribió Pedro, este gozo es inexplicable —no hay palabras en la lengua humana que puedan describirlo— al considerar el día cuando nuestra salvación estará completa en la gloria.

> *Nuestro gozo se halla en conocer a Dios y que Él nos conozca.*

Mamás, busquemos saber más de este gozo. Tomemos un tiempo para leer y reflexionar sobre las ricas promesas para nosotras que se encuentran en la Palabra de Dios. Pongamos nuestros pensamientos en las cosas de arriba y reflexionemos en nuestra esperanza y herencia perpetua en la eternidad. Recordemos lo que Cristo está haciendo en nosotras a través de su Espíritu y cómo nos está preparando para el día en que nos encontremos con Él cara a cara. Alegrémonos de nuestra salvación y del gran amor de Dios por nosotras en Cristo. Y que nuestros corazones sean felices al considerar nuestra herencia que se encuentra en Dios mismo.

Preguntas para el corazón de una madre

1. ¿Usas tu tiempo para buscar la comodidad y el placer? ¿Alguna vez te sientes mal por ti misma? ¿Te estresas por los desafíos de ser madre? ¿Recurres al ídolo de la comodidad durante esta etapa?

____

____

____

____

2. ¿Qué es la felicidad? ¿Es algo que se encuentra en las dádivas que Dios nos da? ¿De qué manera has recurrido a la dádiva en lugar de recurrir al Dador de la esperanza y la felicidad?

____

____

____

____

3. ¿De qué manera no has sido agradecida a Dios por sus dádivas? Tómate un tiempo para orar y responder a Dios con gratitud.

____

____

____

____

4. En las Escrituras, la palabra "bienaventurado" (en griego, *makários*) es la misma que "feliz".[7] Lee Mateo 5:1-12 y reemplaza la palabra "bienaventurados" por "felices". ¿En qué sentido es diferente de lo que el mundo dice sobre la felicidad?

____

____

____

____

7. Study Light. https://www.studylight.org/language-studies/greek-thoughts/index.cgi?a=10#F1 (consultado el 10 de junio de 2017).

Oración desde el corazón de una madre

Padre amado:

Vengo ante ti hoy agotada por un día largo con los niños. Fue un día difícil. Miro el congelador en busca de consuelo en un pote de helado. Solo quiero esconderme en mi habitación frente al televisor y olvidarme del día.

Padre, me siento tan atraída por la comodidad. Es un ídolo que me molesta todos los días. Especialmente en días realmente difíciles. Perdóname por buscar esperanza y gozo en las cosas que has hecho y no en ti. Te doy gracias por los placeres que has creado. Ayúdame a disfrutar de ti a través de ellos.

Ayúdame a recurrir a ti cuando estoy cansada o estresada. Ayúdame a buscar en ti mi refugio y no en un programa de televisión superficial o la venta de liquidación en una tienda.

En el nombre de Jesús,

Amén.

8

EL ÍDOLO DEL CONTROL

Al comienzo de este libro, mencioné que ser madre para mí fue como un torbellino. Uno de esos torbellinos fue la salud de mis hijos. Mi hijo mayor comenzó a tener problemas de salud alrededor de los dieciocho meses. Padecía de una tos severa crónica que no desaparecía. Pronto supimos que era asma. Luego, en varias ocasiones, contrajo sinusitis y esto agravó aún más su asma. Pasamos un par de años de un especialista a otro. Sin embargo, mi hijo nunca mejoraba.

Su tos sibilante nos despertaba en medio de la noche. Le hacíamos tratamientos respiratorios y concertábamos una cita para ver al médico a la mañana siguiente. Inevitablemente, nos enterábamos de que tenía otra infección. El problema era que no es saludable para nuestro cuerpo tomar antibióticos por un período prolongado de tiempo. Después de un año y medio del ciclo constante de enfermedades y medicamentos, los médicos finalmente decidieron que mi hijo necesitaba una cirugía sinusal. En ese momento, era un procedimiento arriesgado para un niño de cuatro años. Tuvimos que ir a consultar a un especialista que estaba dispuesto a hacerlo. ¡Con cuánto temor esperé en el hospital mientras mi hijo estaba en cirugía! La intervención quirúrgica dio buen resultado y ha estado sano desde entonces.

Durante esa temporada de enfermedad crónica, estaba siempre al límite. Me sentía impotente. Me preocupaba, me estresaba y me inquietaba la salud de mi hijo. Cuando estaba cerca de otros niños que tosían o moqueaban, casi entraba en pánico al pensar: "Seguro que ahora se va a enfermar y tendrá otro ataque de asma".

Ser madre durante ese tiempo era un estado constante de impotencia, miedo y preocupación. La vida parecía estar fuera de mi control. No importaba lo que hiciera, no podía ayudar a mi hijo. Las cosas empeoraron cuando mi hijo menor tuvo los mismos problemas de salud: solo que su asma apareció cuando tenía seis semanas de vida. Con dos niños que experimentaban los mismos problemas, siempre estaba preocupada por su salud. Me preguntaba si había algo que me faltaba saber. Investigaba en línea, leía foros y exploraba todas las posibilidades. Incluso contraté a un inspector de mohos para que examinara minuciosamente cada centímetro de nuestra casa para determinar si el moho era la causa de la infección crónica de mis hijos.

Creo que la mayoría de las madres nos hemos preocupado en algún momento por la salud de nuestros hijos. Creo que todas podemos identificarnos con los sentimientos de impotencia que experimentamos la primera vez que nuestro pequeño nos despierta por la noche con tos o fiebre. ¿Quién no ha llamado al médico de inmediato al síntoma más leve?

Sin embargo, la salud no es el único aspecto de nuestro rol como madres donde podríamos sentir tanta impotencia. Podríamos sentirnos impotentes porque tenemos un hijo con algún tipo de discapacidad. Quizás se trate de una limitación física. O tal vez sean problemas con algún aspecto del aprendizaje. Tal vez nos sintamos impotentes porque la etapa de desarrollo en la que se encuentra nuestro hijo es particularmente problemática y difícil. Nuestra impotencia podría surgir del hecho de carecer de finanzas para mantener a nuestros hijos de la manera que lo necesitan. Podríamos estar en una situación escolar que no es la ideal sin poder encontrar una manera de cambiarla. Cualesquiera que sean nuestras circunstancias o condiciones específicas, todas conocemos el sentimiento de impotencia como madre.

Para algunas de nosotras, el sentimiento de impotencia y nuestra respuesta a tal impotencia revelan un ídolo en nuestro corazón: el ídolo del control.

El ídolo del control

El ídolo del control implica un deseo de que las cosas salgan conforme a *nuestra* voluntad y *nuestro* plan. Tenemos expectativas y buscamos asegurarnos de que se cumplan. Hacemos lo que sea necesario para controlar y gobernar nuestras vidas. No nos gusta el caos y la confusión. No saber qué sucederá después y los sentimientos de incertidumbre nos ponen nerviosas.

Cuando adoramos al ídolo del control, a menudo nos llenamos de preocupación. Nos quedamos despiertas por la noche mientras tratamos de anticipar lo que sucederá después y desarrollamos estrategias sobre cómo controlar esa situación. Vivimos según nuestra propia lista de tareas, reglas personales, rutinas, planes y estrategias. Google es nuestro compañero constante.

El ídolo del control nos dice que debemos poder controlar y ordenar nuestras vidas. Esta es nuestra creencia y vivimos conforme a ella. Por consiguiente, siempre estamos buscando un nuevo método o una nueva estrategia. Desplázate por Pinterest o lee cualquiera de los blogs de mamás en línea y verás que este deseo es común entre las madres. Encontrarás títulos de artículos como: "Cinco maneras de hacer que tu hijo coma más verduras", "Tres formas de controlar los berrinches", "Diez cosas que tu hijo necesita de ti" y "Doce formas de criar a un niño feliz". Nos sentimos atraídas hacia soluciones como estas. Ponemos nuestra esperanza en ellas y las seguimos al pie de la letra. Confiamos en estos métodos para que nuestras vidas —y nuestros hijos— sean controlables.

El ídolo del control implica un deseo de que las cosas salgan conforme a nuestra voluntad y nuestro plan.

Allender y Longman señalan: "Todos queremos tener control sobre el caos de nuestras vidas. No nos gustan las sorpresas desagradables, así que planificamos y trabajamos duro para mantenerlas a raya. Pensamos con anticipación sobre las consecuencias de nuestras acciones, y no nos complace que nadie, ni un hijo, una amiga o un extraño, interrumpa cualquier orden que hayamos establecido en nuestra vida".[1]

Para las madres que adoran al ídolo del control, podría ser

1. Dan B. Allender y Tremper Longman III, *Breaking the Idols of Your Heart: How to Navigate the Temptations of Life* (Downers Grove, IL: Intervarsity Press, 2007), p. 27.

diferente de una madre a la otra. Algunas podríamos esforzarnos por controlar y manejar la salud de nuestros hijos, como en mi ejemplo anterior. Podríamos estar atentas a la dieta de nuestros hijos, asegurarnos de que se laven las manos y mantenerlos alejados de otros niños enfermos. Otras podríamos tratar de tener el control a través de la forma en que ordenamos y organizamos nuestros días. Vivimos según nuestra propia rutina, y no permitiremos interrupciones en nuestro programa cuidadosamente diseñado. Otras madres pueden adorar el control a través de las reglas, la disciplina y la instrucción de sus hijos.

Es fácil controlar las cosas cuando nuestros hijos son pequeños. Determinamos cuándo y qué comerán, qué ropa se pondrán, qué harán y con quién pasarán tiempo. A medida que crecen, comienzan a tomar sus propias decisiones. Eligen su propia ropa, sus propios amigos y sus propias actividades. Finalmente, toman todas sus decisiones por su cuenta. Aunque este proceso es normal, es difícil para las madres perder el control sobre sus hijos. Tememos que puedan tomar malas decisiones y, lo que es peor, tememos las consecuencias de tales decisiones.

Las reglas, la organización, los objetivos y los planes son cosas buenas. La Biblia tiene reglas para nosotras: los Diez Mandamientos. Incluso alienta a planificar y pensar bien antes de actuar: "Los pensamientos del diligente ciertamente tienden a la abundancia; mas todo el que se apresura alocadamente, de cierto va a la pobreza" (Proverbios 21:5). La Biblia desaprueba la falta de control propio y disciplina: "Una persona sin control propio es como una ciudad con las murallas destruidas" (Proverbios 25:28, NTV). El control propio [templanza] es una cualidad que debemos desear y, de hecho, forma parte del fruto del Espíritu que obra en nosotras (Gálatas 5:22-23).

El problema con el ídolo del control es que nuestras reglas, planes y deseos de controlar las cosas terminan por gobernarnos. Nos convertimos en esclavas del ídolo del control. Lo vemos de manera más vívida cuando nuestra vida está fuera de control. Cuando nuestros planes fallan, cuando algo o alguien interrumpe nuestra rutina o cuando nos sorprenden las tormentas de la vida, nuestra forma de reaccionar revela el control que este ídolo tiene en nuestro corazón. Respondemos con preocupación y miedo, como lo hice ante la enfermedad crónica de mis hijos. Respondemos con ira hacia aquellos que interrumpen nuestros planes. Tratamos de ejercer poder e influencia sobre los demás en un esfuerzo por controlarlos. Nuestro deseo de control incluso interfiere con nuestras relaciones, lo que nos hace valorar nuestras rutinas por encima de las necesidades de los demás.

Tomar el control comparado con la dependencia

Un ejemplo de tomar el control se encuentra en la historia de Abram y Sarai. En Génesis 12, Dios llamó a Abram a seguirlo. Prometió convertirlo en una gran nación. Abram reunió a su familia, empacó sus posesiones y siguió a Dios a donde Él lo llevara. Varias veces Dios reafirmó esta promesa. En Génesis 15, Dios hizo un pacto con Abram: "Mira ahora los cielos, y cuenta las estrellas, si las puedes contar. Y le dijo: Así será tu descendencia" (Génesis 15:5).

El problema era que Abram y su esposa Sarai eran viejos. Sarai había pasado la edad fértil. Dios les había prometido un heredero e hizo un pacto con ellos de que sus descendientes serían tantos como las estrellas del cielo. Sin embargo, nada había cambiado; ella continuaba siendo estéril.

Entonces Sarai tomó el control de la situación. Le dio

a su criada Agar a Abram, y le dijo: "Ya ves que Jehová me ha hecho estéril; te ruego, pues, que te llegues a mi sierva; quizá tendré hijos de ella. Y atendió Abram al ruego de Sarai" (Génesis 16:2). Sarai no confiaba en que Dios cumpliría su promesa, así que buscó una manera de hacerlo realidad.

La verdad es que no tenemos control sobre nuestra vida.

¿Con qué frecuencia hacemos lo mismo? ¿Con qué frecuencia renunciamos a esperar en el Señor y, en cambio, tomamos el control de cada situación de nuestra vida?

Este deseo de gobernar nuestra vida no es nada nuevo. Tal deseo de control comenzó en el huerto con nuestros primeros padres. Cuando Satanás dijo a Eva que, si ella comía del árbol, sus ojos se abrirían, y sería como Dios, la Biblia señala: "Y vio la mujer que el árbol era bueno para comer, y que era agradable a los ojos, y árbol codiciable para alcanzar la sabiduría" (Génesis 3:6). Tim Keller escribió: "La tentación original en el Huerto del Edén fue resistirnos a los límites que Dios nos había puesto… y tratar de ser 'como Dios' al tomar el poder sobre nuestro propio destino. Cedimos a esta tentación y ahora es parte de nuestra naturaleza. En lugar de aceptar nuestra finitud y dependencia de Dios, buscamos desesperadamente formas de asegurarnos de que todavía tenemos poder sobre nuestra propia vida".[2]

La verdad es que no tenemos control sobre nuestra vida.

---

2. Timothy Keller, *Counterfeit Gods: The Empty Promises of Money, Sex, and Power, and the Only Hope that Matters* (Nueva York, NY: Dutton, 2009), pp. 101. Publicado en español por Editorial Vida con el título *Dioses falsos: Las huecas promesas del dinero, el sexo y el poder, y la única esperanza verdadera.*

No somos diosas. Somos criaturas dependientes. Somos hijas dependientes de nuestro Padre celestial en quien tenemos nuestra confianza: "El Dios que hizo el mundo y todas las cosas que en él hay, siendo Señor del cielo y de la tierra, no habita en templos hechos por manos humanas, ni es honrado por manos de hombres, como si necesitase de algo; pues él es quien da a todos vida y aliento y todas las cosas" (Hechos 17:24-25). Todo viene de la gracia de Dios. Todo. El hecho de que nos despertemos cada mañana es un regalo de la gracia. No mantenemos nuestro propio cuerpo vivo y funcionando cada día. No determinamos el número de nuestros días. Ni siquiera conocemos la cantidad de cabello en nuestra cabeza, pero Dios sí. Nuestra idolatría del control es una resistencia a nuestra dependencia de Dios y su gracia en nuestra vida. Creemos que sabemos más. Tenemos un mejor plan para nuestra vida. No nos gusta la historia que Dios ha escrito y queremos ser la autora de nuestra propia historia, pero eso es imposible porque no somos Dios.

Dios es quien gobierna y reina sobre todas las cosas. Él es soberano y tiene el control. Nuestros planes están sujetos a su gobierno y su voluntad: "El corazón del hombre piensa su camino; mas Jehová endereza sus pasos" (Proverbios 16:9). "Como los repartimientos de las aguas, así está el corazón del rey en la mano de Jehová; a todo lo que quiere lo inclina" (Proverbios 21:1).

Los propósitos de Dios se cumplirán; nada ni nadie puede interferir con la voluntad de Dios: "Porque yo soy Dios, y no hay otro Dios, y nada hay semejante a mí, que anuncio lo por venir desde el principio, y desde la antigüedad lo que aún no era hecho; que digo: Mi consejo permanecerá, y haré todo lo que quiero; que llamo desde el oriente al ave, y de tierra lejana al varón de mi consejo. Yo hablé, y lo haré venir; lo he pensado, y también lo haré" (Isaías 46:9-11).

No hay tal cosa como casualidad o coincidencia. Incluso las cosas que nos parecen aleatorias están bajo el control de Dios: "La suerte se echa en el regazo; mas de Jehová es la decisión de ella" (Proverbios 16:33). Dios gobierna sobre toda la creación, sobre el corazón de los hombres, sobre el tiempo y la historia misma: nada está fuera de su control soberano.

Los propósitos de Dios se cumplirán; nada ni nadie puede interferir con la voluntad de Dios.

El Catecismo de Heidelberg lo expresa maravillosamente: "La providencia de Dios es el poder de Dios, omnipotente y presente en todo lugar, por el cual sustenta y gobierna el cielo, la tierra y todas las criaturas de tal manera, que todo lo que la tierra produce, la lluvia y la sequía, la fertilidad y la esterilidad, la comida y la bebida, la salud y la enfermedad, las riquezas y la pobreza, y finalmente todas las cosas no acontecen sin razón alguna como por azar, sino por su consejo y voluntad paternal".[3]

Mamás, debemos aprender a descansar en la soberanía de Dios. Debe convertirse en un consuelo para nosotras. Nuestro Dios es santo, perfecto, justo y bueno. Él siempre hace lo que es justo y recto. Siempre actúa con sabiduría; siempre hace lo correcto. Podemos confiar en su control soberano sobre nuestra vida y la de nuestros hijos. Necesitamos sujetarnos en

3. Heidelberg Catechism, http://www.heidelberg-catechism.com/en/lords-days/10.html (consultado el 10 de junio de 2017). PDF del Catecismo de Heidelberg en español https://elpactodegracia.org/PDF/newsletter4086_3.pdf.

No hay tal cosa como casualidad o coincidencia. Incluso las cosas que nos parecen aleatorias están bajo el control de Dios.

dependencia y humilde confianza en su soberanía. Como lo enseña el Catecismo de Heidelberg, porque Dios tiene el control, "que en toda adversidad tengamos paciencia, y en la prosperidad seamos agradecidos y tengamos puesta en el futuro toda nuestra esperanza en Dios nuestro Padre fidelísimo, sabiendo con certeza que no hay cosa que nos pueda apartar de su amor, pues todas las criaturas están sujetas a su poder de tal manera que no pueden hacer nada sin su voluntad".[4]

La verdad del evangelio: seguridad en Cristo

Cuando adoramos al ídolo del control, buscamos seguridad en algo que no es Dios. Ponemos nuestra esperanza de seguridad en nosotras mismas o en alguna estrategia o regla. Las Escrituras declaran que solo Dios es nuestra seguridad: "Jehová, roca mía y castillo mío, y mi libertador; Dios mío, fortaleza mía, en él confiaré; mi escudo, y la fuerza de mi salvación, mi alto refugio" (Salmos 18:2). "En paz me acostaré, y asimismo dormiré; porque solo tú, Jehová, me haces vivir confiado" (Salmos 4:8). "Bienaventurado aquel cuyo ayudador es el Dios de Jacob, cuya esperanza está en Jehová su Dios" (Salmos 146:5).

Cuando el salmista se refirió a Dios como su salvación, estaba escribiendo sobre Cristo. Él es el Salvador prometido que anunciaron los escritores del Antiguo Testamento. Él es

4. Ibíd.

quien nos salva y nos rescata del pecado y del mal. Él es nuestro refugio, nuestra fortaleza, nuestro libertador. Gracias a Cristo, podemos llegar al trono de la gracia con confianza y recibir ayuda de nuestro Padre celestial.

Podemos recurrir a nuestro Salvador con todos nuestros miedos. Cuando nos preocupamos por nuestros hijos, cuando tememos lo desconocido, cuando nos sentimos impotentes como madres, podemos recurrir a Cristo. Podemos clamar a Él. Podemos hablarle de nuestros miedos y nuestras preocupaciones. Podemos decirle que no sabemos qué hacer. Podemos pedir ayuda y sabiduría en nuestros problemas como madres. Podemos orar por lo que sea que esté en nuestro corazón y saber que Dios nos escucha. De hecho, Él sabe lo que necesitamos incluso antes que se lo pidamos. Necesitamos confiar en Él como nuestra ayuda y recordar que no hay ningún método, regla o plan que pueda darnos una esperanza duradera. Todo lo demás nos fallará; Cristo nunca lo hará.

Además de recurrir a Dios en oración, también debemos recordar quién es Dios y lo que Él ha hecho por nosotras en Cristo: "Mantengamos firme, sin fluctuar, la profesión de nuestra esperanza, porque fiel es el que prometió" (Hebreos 10:23). Nuestro Dios es fiel. Prometió enviar a un Salvador y lo hizo. Necesitamos empapar nuestro corazón con la Palabra, leer y releer lo que Dios hizo por nosotras al enviar a su Hijo para redimirnos del pecado. Si Dios nos rescató de nuestro peor temor, la separación eterna de Él, ¿cómo puede no liberarnos también de nuestros miedos actuales? ¿Cómo podemos pensar que Él nos dejará solas en nuestros problemas diarios? Dios hizo todo lo posible para rescatarnos de la muerte, incluso envió a su Hijo a morir por nosotras. Ha demostrado ser fiel. ¿Cómo no podemos confiar en que

Él será fiel en nuestras vidas en este momento? La verdad del evangelio con respecto a quién es Cristo y lo que Él hizo, es nuestra confesión de esperanza. Es nuestra seguridad, la cual nos ancla en las tormentas de la vida y en el caos de ser madre.

¿Adoras al ídolo del control? Ora por sabiduría para identificar este ídolo en tu corazón. Considera los deseos de tu corazón, tus emociones más fuertes y lo que crees sobre el caos de la vida. Acude a tu Padre celestial y entrégale tus miedos. Confía en tu Dios fiel, que nunca deja de hacer lo que es bueno para ti.

Preguntas para el corazón de una madre

1. ¿Qué caos en tu vida estás tratando de controlar?

____

____

____

____

____

2. ¿Cuáles son tus miedos? ¿De qué manera tratas de controlar las cosas que temes?

____

____

____

____

____

3. Lee y estudia sobre la bondad de Dios (Salmos 25:8-10, Salmos 145:17, Tito 3:3-7). Puesto que Dios es bueno, todos sus planes para nosotras y para nuestros hijos son buenos. ¿Lo crees?

____

____

____

____

Oración desde el corazón de una madre

Padre celestial:

Vengo ante ti hoy llena de preocupaciones y miedos. Mi vida es un caos y está fuera de control. Estoy tratando de controlarlo todo. No puedo descansar por todo lo que me preocupa.

Perdóname por adorar al ídolo del control. Perdóname por pensar que puedo dominar mi vida. Perdóname por no confiar en ti como Aquel que gobierna sobre todas las cosas.

Eres un padre bueno. Solo haces lo que es bueno para mí y mis hijos. Ayúdame a descansar y confiar en esta verdad. Ayúdame a enfrentar mis miedos con esta verdad.

Te ruego que este día escuches mi clamor sobre el caos de nuestra vida. Oro para que tú gobiernes y reines sobre esta situación. Que tu voluntad sea hecha en la tierra como en el cielo.

En el nombre de Jesús,

Amén.

9

EL ÍDOLO DE LA APROBACIÓN

¿Recuerdas tu primer día de escuela intermedia o secundaria? ¿Recuerdas esos sentimientos encontrados de anticipación y miedo? ¿Tanto el sentimiento de emoción como de temor? Para muchas personas, los años de la adolescencia son años de formación. Las experiencias que tenemos durante ese tiempo nos ayudan a perfilarnos en lo que somos hoy. También pueden ser años tortuosos. Los adolescentes se agrupan según su comportamiento social. O bien "pertenecen" o "no pertenecen". Son populares o no lo son. Muchos se esfuerzan por buscar la aprobación de otros adolescentes en su forma de vestir, de hablar, con quién pasan tiempo, sus intereses y demás cosas. Algunos, por más que intenten ser aceptados, no lo logran. Estos adolescentes a menudo terminan por ser objeto de burlas, mofas y rechazo, y se los descarta como si no valieran nada.

Hay una película de la década de 1980 titulada *El club de los cinco*. En esta película, un grupo de adolescentes tuvo que pasar un sábado encerrado en una biblioteca como castigo por cometer varias infracciones en la escuela. Su tarea durante el encierro era escribir una redacción sobre lo que pensaban de sí mismos. Cada uno de los adolescentes era diferente: una de las muchachas era bonita y popular, otro de los adolescentes era un atleta, otro era muy estudioso, otro era un delincuente y otra de las muchachas estaba tan perdida que ni siquiera la habían castigado; estaba allí porque no tenía otro lugar donde ir. En diversos sentidos, cada uno de los adolescentes anhelaba recibir aprobación y aceptación, y cada uno lo buscaba de diferentes maneras.

Una de las estudiantes, Claire, era una joven popular. Su popularidad le daba sentido a la vida. Era una popularidad que se esforzaba por mantener. Debía cumplir ciertas expectativas para ser parte del grupo popular. A medida que avanza la película, los personajes se unen a pesar de sus diferentes comportamientos sociales. Y, aunque se hace amiga de los demás, al final Claire les dice que no los saludaría si se cruzaban en el pasillo de la escuela. La aprobación de sus compañeros significaba demasiado para ella.

Aunque nuestros años de adolescencia han pasado hace mucho tiempo, y aunque quizás no nos separemos en grupos según nuestro comportamiento social o reputación entre nuestros compañeros, muchas de nosotras todavía buscamos la aprobación de los demás. Todavía deseamos aceptación y un sentido de pertenencia.

El ídolo de la aprobación

Aquí hay una situación con la que todas estamos familiarizadas: Estás en la iglesia un domingo por la mañana. El servicio ha terminado y todos se reúnen para tener comunión unos con otros. Los adultos beben café; los niños beben jugo y comen galletas. Tu hijo camina hacia la mesa donde están las bebidas y los bocadillos, y toma una galleta. Entras y le dices que no puede comer una galleta porque pronto será la hora del almuerzo. (Sabes por experiencia que, si come algo, no tendrá hambre para el almuerzo). Tan pronto como pronuncias la palabra "no", se tira al suelo y hace un berrinche. Todos en la iglesia se dan vuelta y te miran. Las otras madres jóvenes de tu estudio bíblico observan para ver qué harás. Estás segura de que las señoras mayores reunidas están murmurando cosas sobre ti. El sonido de los gritos de tu hijo retumba en las paredes. Tu cara se enrojece cuando te inclinas para hablar con tu hijo. Solo puedes imaginar lo que todos piensan, y no es nada bueno. (Bien, entonces tal vez no sea una historia ficticia. Se han cambiado los nombres para proteger la identidad de las personas).

Cuando las personas nos reconocen, nos prestan atención y nos muestran aprobación, nos sentimos bien.

El ídolo de la aprobación implica el anhelo de que otros nos acepten. Proviene de la creencia de que debemos recibir amor y aceptación para que la vida tenga sentido. Cuando las personas nos reconocen, nos prestan atención y nos muestran aprobación, nos sentimos bien. Tenemos un sentido de pertenencia y de que somos importantes. Sin embargo, cuando las personas no nos muestran aprobación, nos sentimos desoladas. Nos sentimos vacías e insignificantes. Sentimos que no valemos nada.

Cuando adoramos al ídolo de la aprobación, nos importa

lo que los demás piensen de nosotras. Queremos que piensen bien de nosotras, que nos quieran. Para las madres, adorar al ídolo de la aprobación significa que nos importa profundamente lo que otras personas piensen de nosotras como madres. Nuestro sentido en la vida depende de lo que otros piensen. Queremos que digan que estamos haciendo un buen trabajo. Deseamos escuchar comentarios que aprueben nuestra manera de criar a nuestros hijos y la conducta de ellos. Queremos felicitaciones por el nuevo vestido que le compramos a nuestra hija o el simpático corbatín que le compramos a nuestro pequeño hijo. Nos encanta cuando la gente comenta cuán necesario e importante es nuestro hijo para el equipo de fútbol. Nos encanta escuchar lo brillante, educado, juicioso o guapo que es nuestro hijo.

Como madre, me di cuenta de que adoraba al ídolo de la aprobación. Cuando mis hijos eran preescolares, me encantaba cuando los maestros me comentaban sobre lo brillantes e inteligentes que eran. Cuando otras madres jóvenes me pedían consejos sobre la crianza de los hijos, me sentía superior e importante. Sin embargo, cuando las personas criticaban mis decisiones en la crianza de mis hijos, me daban consejos sin pedírselos o no me afirmaban como madre, me sentía desolada y decepcionada. Hacía todo lo posible para obtener la aprobación de los demás.

Lo que más teme quien adora al ídolo de la aprobación es perder la aprobación de los demás. Tememos su juicio, su crítica, su antipatía y su rechazo. Debido a que nuestro significado y valor dependen de lo que otros piensan, es una montaña rusa constante. Nuestro valor como persona sube a lo alto y cae en bajada en función de lo que otros piensan. La Biblia llama a esto temor al hombre: "El temor del hombre pondrá lazo; mas el que confía en Jehová será exaltado" (Proverbios 29:25). Ed Welch escribió: "Presión de grupo, codependencia, vergüenza, baja autoestima; estas son algunas de las palabras que se utilizan para identificar cómo la aparente opinión de los demás puede controlarnos. Incluso podríamos usar la frase 'temor a los demás' para describir la experiencia. Cuando temes algo, eso te controla. Si temes a las personas, estas te controlan. Es como si la opinión de los demás fuera una amenaza para ti. Siempre estás buscando la manera de evitar el rechazo mortal de los demás".[1]

Pedro temía a los que estaban reunidos en el patio del sumo sacerdote la noche en que Jesús fue arrestado. Temía lo que pensaran de él y que lo asociaran con Jesús. Cada vez que alguien le preguntaba si conocía a Jesús, lo negaba: "Entonces él comenzó a maldecir, y a jurar: No conozco a este hombre de quien habláis" (Marcos 14:71).

Cuando tememos a los demás, buscamos la gloria de los demás en lugar de buscar la gloria de Dios.

Juan indicó por qué la gente teme al hombre: "Con todo eso, aun de los gobernantes, muchos creyeron en él; pero a causa de los fariseos no lo confesaban, para no ser expulsados de la sinagoga. *Porque amaban más la gloria de los hombres que la gloria de Dios*" (Juan 12:42-43). Esto nos lleva al punto de partida. La idolatría roba a Dios su gloria. Cuando tememos a los demás, buscamos la gloria de los demás en lugar de buscar la gloria de Dios.

1. Edward Welch, *What Do You Think of Me? Why Do I Care?* (Greensboro, NC: New Growth Press, 2011), edición Kindle: ubicación 16.

Lo que piensan nuestros hijos

"¡Te odio!". Estas son palabras desgarradoras para cualquiera que las escuche, pero especialmente para una madre. Quizás tu hijo te haya gritado estas palabras con enojo porque le dijiste que no a algo que quería hacer. Escuchar semejantes palabras de alguien que amamos y cuidamos desde antes que nacieran es doloroso. Más que doloroso. Hiere la misma esencia de lo que significa ser madre.

Tener hijos implica sacrificio. Implica dar vida. En el caso de algunas madres, nuestros hijos se crean dentro de nuestro propio cuerpo; los nutrimos en nuestro útero hasta que están listos para nacer. Otras mamás han hecho hasta lo imposible y una gran labor para traer a un niño huérfano a su vida y su corazón. Dedicamos las próximas dos décadas de nuestra vida a alimentarlos, cuidarlos, enseñarles, capacitarlos y sacrificarnos por ellos. Es difícil escuchar la ingratitud y las palabras de odio de alguien a quien le has dado tanto de ti.

A muchas madres, la ingratitud o las palabras de odio nos clavan un aguijón y, como es de esperar, nos mortifican. A otras, nos perfora nuestro propio significado e importancia. Creemos que merecemos más. Nuestros hijos deben estar agradecidos por todo lo que hemos hecho por ellos. ¿Cómo se atreven a responder de esa manera? Paul Tripp advierte: "Los niños deben apreciar a sus padres. Sin embargo, escúchenme, madres y padres: que ellos nos aprecien no puede ser nuestro objetivo. Cuando eso se convierte en lo que nos da vida, inconscientemente estaremos demasiado atentos a que nos aprecien en cada situación".[2]

---

2. Paul Tripp Ministries, https://www.paultripp.com/articles/posts/theidol-of-appreciation (consultado el 10 de junio de 2017).

El ídolo de la aprobación es nuestro "dios". Todos los dioses son gobernantes, y el dios de la aprobación no es la excepción. De quien más deseamos recibir aprobación es a quien obedeceremos. Esto podría tratarse de complacer a las personas: hacer lo que sea necesario para obtener una respuesta de aprobación. En el caso de nuestros hijos, queremos que el "¡Te odio!" se convierta en "¡Eres la mejor mamá!". Por lo tanto, buscamos complacer a nuestros hijos y darles todo lo que nos pidan. Quizás pasemos por alto las reglas y los límites. Podríamos pasar por alto varias cosas. Incluso podríamos usar dinero para comprar su afecto. Nuestros hijos se convierten en reyes y reinas de nuestro hogar; lo que ellos dicen se hace. Nuestro deseo desordenado de aprobación produce una vida hogareña desordenada.

De quien más deseamos recibir aprobación es a quien obedeceremos.

Si bien todas nos hinchamos de amor y emoción cuando nuestros hijos nos dicen: "Gracias, mamá" o "Te amo, mamá", no podemos vivir para tales manifestaciones. Los pensamientos de nuestros hijos, al igual que los pensamientos de los demás, no pueden ser el factor que determine nuestro valor y respetabilidad. Como todos los ídolos, el ídolo de la aprobación es una cisterna rota.

Cisternas rotas

El profeta Jeremías recibió el llamado de advertir al pueblo de Dios que el juicio se acercaba. Se habían apartado de Dios para adorar a dioses falsos. Jeremías no fue un profeta popular. Su llamado al arrepentimiento era recibido con oposición y persecución. El pueblo estaba muy enojado con él; incluso lo echaron al fondo de una cisterna hasta morir (Jeremías 38).

En Jeremías 2, Dios dice a Jeremías que hable al pueblo. Comienza con una referencia a su pasado: "Me he acordado de ti, de la fidelidad de tu juventud, del amor de tu desposorio, cuando andabas en pos de mí en el desierto, en tierra no sembrada" (Jeremías 2:2). Aquí nuevamente, vemos que Dios se refería a su pueblo en términos íntimos, como una novia. Luego preguntó: "¿Qué maldad hallaron en mí vuestros padres, que se alejaron de mí, y se fueron tras la vanidad y se hicieron vanos? Y no dijeron: ¿Dónde está Jehová, que nos hizo subir de la tierra de Egipto, que nos condujo por el desierto, por una tierra desierta y despoblada, por tierra seca y de sombra de muerte, por una tierra por la cual no pasó varón, ni allí habitó hombre?" (Jeremías 2:5-6). Israel olvidó todo lo que Dios había hecho por ellos en el desierto y se volvieron hacia cosas carentes de valor y, al hacerlo, ellos mismos fueron un pueblo carente de valor: "Sin embargo, mi pueblo ha trocado su gloria por lo que no aprovecha" (Jeremías 2:11).

Los pensamientos de nuestros hijos, al igual que los pensamientos de los demás, no pueden ser el factor que determine nuestro valor y respetabilidad.

Su idolatría es grave; es horrible: "Espantaos, cielos, sobre esto, y horrorizaos; desolaos en gran manera, dijo Jehová. Porque dos males ha hecho mi pueblo: me dejaron a mí, fuente de agua viva, y cavaron para sí cisternas, cisternas rotas que no retienen agua" (Jeremías 2:12-13).

Cuando adoramos al ídolo de la aprobación, abandonamos a Dios. Nos apartamos de nuestra fuente de aprobación y aceptación, y nos volvemos hacia cualquier otra cosa para encontrar aprobación. Es como buscar amistad en la voz del buscador de nuestra computadora en lugar de hacerlo en una amiga de carne y hueso.

Todo lo que no sea Dios es una cisterna rota. No puede proporcionarnos lo que realmente necesitamos. En la Biblia, una cisterna era un pozo hecho por el hombre, con forma de roca.[3] Algunas eran bastante grandes y solían contener agua para toda una comunidad. Las cisternas vacías y sin uso a menudo se utilizaban para mantener a los prisioneros, como en la que echaron a José. A veces, la cisterna tenía grietas por donde goteaba el agua. Como una cisterna agrietada que ya no retiene agua, buscar la aprobación de los demás nunca nos llena; siempre está goteando. Es una sed que nunca se apaga.

¿Notas el marcado contraste entre lo que Dios ofrece en Jeremías 2 y lo que nosotras hacemos por nuestra cuenta? Lo que Dios nos ofrece es una fuente, un suministro inagotable de su amor, aceptación, aprobación y gracia; lo que nosotras hacemos por nuestra cuenta está agrietado y roto. Es inútil. Carente de valor.

Buscar la aprobación de los demás o de nuestros hijos nunca nos saciará. Es difícil de obtener e imposible de mantener.

Siempre viviremos con el temor constante de lo que piensan de nosotras.

Lo que más importa es lo que Dios piensa de nosotras.

---

3. Bible Hub, http://biblehub.com/topical/c/cistern.htm (consultado el 10 de junio de 2017).

Lo que Dios piensa de nosotras

Uno de mis libros favoritos es un libro pequeño de tan solo cuatro capítulos, pero con un gran contenido. El libro de Tim Keller, *La respuesta del espejo*, es importante para nuestro debate sobre el ídolo de la aprobación, porque nos ayuda a pensar correctamente sobre nosotras mismas. Cuando pensamos correctamente sobre nosotras mismas, podemos pensar correctamente sobre lo que otros piensan de nosotras. El libro trata sobre la humildad y cómo el evangelio define nuestra autoestima e identidad.

La sociedad proclama que no debería importarnos lo que otros piensen de nosotras, sino que solo nos debería importar lo que pensamos de nosotras mismas. Eso es orgullo. Nuestra cultura dice que debemos considerar nuestros logros y ver cuán geniales somos. Deberíamos decidir quiénes queremos ser, qué queremos hacer y proponernos lograr tales cosas. Cuando lo hayamos hecho, solo nosotras deberíamos ser las que evaluemos lo que hemos hecho, nadie más.

Sin embargo, la Biblia enseña otra cosa. En lugar de buscar la aprobación de los demás o buscar aprobación dentro de nosotras mismas, las Escrituras nos llevan a mirar hacia arriba, hacia Jesús. "Él recibió la condena que nosotros merecemos; enfrentó el juicio destinado para nosotros para que jamás tengamos que volver a enfrentar más juicios. Por tanto, solo necesito pedir a Dios que me acepte por lo que el Señor Jesús ha hecho. Entonces, la única persona cuya opinión cuenta me mira y me encuentra más valioso que todas las joyas de la tierra".[4]

4. Timothy Keller, *The Freedom of Self-Forgetfulness* (Lancashire, England: 10ofThose, 2012), edición Kindle: ubicación 353. Publicado en español por Editorial Peniel con el título *La respuesta del espejo: Solución definitiva a los problemas de autoestima.*

Buscar la aprobación de los demás o de nuestros hijos nunca nos saciará.

Tim Keller señala que debido a que nuestro valor e identidad están enraizados en lo que Cristo ha hecho por nosotros y en lo que Dios ahora piensa de nosotros, podemos hacer lo que él llama "olvidarse de sí mismo". Esto es lo que escribió: "La esencia de la humildad evangélica no está en considerarse más ni en considerarse menos, sino en pensar menos en uno mismo... Una persona con verdadera humildad del evangelio no es una persona que se odia a sí misma o una persona que se ama a sí misma, sino una persona humilde según el evangelio. Una persona con verdadera humildad del evangelio es una persona que se olvida de sí misma y cuyo ego no es más que los dedos de sus pies. Solo hacen su trabajo. No llaman la atención sobre sí mismos. Los dedos de los pies solo hacen su trabajo; el ego solo hace su trabajo. Ninguno de los dos llama la atención sobre sí mismo".[5]

Cuando se trata del ídolo de la aprobación, tenemos que desempeñarnos bien para obtener la aprobación, la buena opinión y aceptación de aquellos de quienes deseamos recibirlas. Sin embargo, con el evangelio, primero recibimos la aceptación. Escuchamos a Dios decir que nos ama. Tenemos el desempeño perfecto de Jesús. Recibimos la aprobación y la aceptación de Dios sin ningún desempeño propio. Ahora que tenemos la aprobación, podemos tener un buen desempeño gracias a lo que Cristo ha hecho. Podemos amar a los demás. Podemos servir. Podemos disfrutar de la bondad de Dios. Todo porque ya estamos aprobadas y aceptadas en Cristo.

5. Ibíd,, ubicación 277-287.

La verdad del evangelio: El amor de Dios por nosotras

Mientras que la aprobación y la aceptación de los demás va y viene, el amor de Dios por nosotras es inalterable. No hay nada ni nadie que pueda separarnos de Él: "Por lo cual estoy seguro de que ni la muerte, ni la vida, ni ángeles, ni principados, ni potestades, ni lo presente, ni lo por venir, ni lo alto, ni lo profundo, ni ninguna otra cosa creada nos podrá separar del amor de Dios, que es en Cristo Jesús Señor nuestro" (Romanos 8:38-39).

Mientras que la aprobación y la aceptación de los demás va y viene, el amor de Dios por nosotras es inalterable.

Su amor por nosotras comenzó en la eternidad pasada cuando nos eligió en Cristo. Por medio de Cristo, nos adoptó como hijas suyas. Somos hijas amadas del Padre y tenemos todos los beneficios de un hijo del Rey. Como sus hijas, no tenemos que temer: "Porque todos los que son guiados por el Espíritu de Dios, éstos son hijos de Dios. Pues no habéis recibido el espíritu de esclavitud para estar otra vez en temor, sino que habéis recibido el espíritu de adopción, por el cual clamamos: ¡Abba, Padre!" (Romanos 8:14-15).

Como nuestro Padre, Dios sabe lo que necesitamos antes que nosotras mismas. Él escucha nuestro clamor y recoge nuestras lágrimas. Todos los cabellos de nuestra cabeza están contados: "¿No se venden dos pajarillos por un cuarto? Con todo, ni uno de ellos cae a tierra sin vuestro Padre. Pues aun vuestros cabellos están todos contados. Así que, no temáis; más valéis vosotros que muchos pajarillos" (Mateo 10:29-31).

De hecho, debido a que estamos unidas a Cristo, Dios nos

ama tanto como ama a su Hijo: "Yo en ellos, y tú en mí, para que sean perfectos en unidad, para que el mundo conozca que tú me enviaste, y que los has amado a ellos como también a mí me has amado" (Juan 17:23). Detente un minuto a mediar en lo que significa esto. Dios nos ama tanto como ama a su Hijo. ¡Qué maravilla! ¿Puedes entenderlo? ¡Es demasiado! Es gracia infinita.

El Creador de todas las cosas nos ama. Nos aprueba. La aprobación de los demás no significa nada en comparación. Lo que otros piensan o dicen sobre nosotras nunca puede estar a la altura del amor santo, perfecto e infinito de Dios. El ídolo de la aprobación nunca subsiste; es como perseguir el viento. El amor de Dios es para siempre. El ídolo de la aprobación depende de nuestro desempeño. La aprobación de nuestros hijos depende de nuestras acciones. La aprobación de los demás depende de si les gusta o no lo que hemos hecho. Sin embargo, el amor y la aceptación de Dios por nosotras se basa en Cristo y en su desempeño perfecto en nuestro nombre. Su amor nunca decaerá ni fluctuará; es estable, constante y seguro.

Lo que otros piensan o dicen sobre nosotras nunca puede estar a la altura del amor santo, perfecto e infinito de Dios.

Cuando adoramos al ídolo de la aprobación, estamos viviendo como una niña huérfana sin padre. Es como si hubiéramos olvidado quiénes somos. Hemos dejado el castillo del Rey y estamos viviendo en la calle, contentas con los restos que otros nos dan. Las riquezas del reino siempre están a nuestro alcance. El amor inconmensurable es nuestro, pero insistimos en hurgar entre la basura. Amiga, cuando el ídolo de la aprobación te tiente, recuerda de quién eres. Recuerda tu posición en Cristo y lo que Dios piensa de ti. Recuerda tu adopción. Recuerda que eres amada.

Preguntas para el corazón de una madre

1. ¿Adoras al ídolo de la aprobación? ¿De qué manera tu sentido de significado y valor proviene de lo que otras personas, incluidos tus hijos, piensan de ti?

___

___

___

2. ¿Qué relación tiene el temor al hombre con el ídolo de la aprobación? ¿Cuáles son algunos ejemplos de formas en que has temido lo que otros piensan de ti?

___

___

___

3. Lee Jeremías 2. ¿Cómo describe Dios la idolatría de Israel? ¿Cuáles son las consecuencias?

___

___

___

4. Lee Lucas 15. ¿Qué te muestran estas tres parábolas sobre el amor de Dios por ti? ¿Hasta dónde llega Él en su amor por ti?

___

___

___

Oración desde el corazón de una madre

Padre:

Durante mucho tiempo he deseado y buscado la aprobación de otros. Ahora que soy madre, vuelvo a hacerlo. Me importa mucho lo que otros piensen de mí. Temo no agradarles y que piensen mal de mí.

Sin embargo, la verdad es que tú me amas y me aceptas. Soy tu hija a quien le sonríes. Soy aceptada en Cristo. No importa lo que alguien más piense de mí, tus pensamientos sobre mí nunca vacilarán ni cambiarán.

Perdóname por encontrar mi valor y significado en lo que otros piensan de mí. Perdóname por todo lo que he hecho para obtener esa aprobación. Perdóname por recurrir a otros para recibir lo que solo tú puedes darme.

Ayúdame a pensar quién soy en Cristo. Ayúdame a recordar tu gran amor por mí, que es más antiguo que el tiempo mismo. Te doy gracias porque, aunque me descarríe, siempre vienes detrás de mí y, aunque me pierda, siempre me encuentras.

En el nombre de Jesús,

Amén.

PARTE III

ABANDONEMOS LA IDOLATRÍA

10

ABANDONEMOS NUESTROS ÍDOLOS

Al comienzo de este libro, hablé sobre cómo los desafíos particulares de ser madres nos brindan la oportunidad de ver nuestro pecado bajo una nueva luz. Esta etapa de la vida puede ser difícil. Hay muchas cosas que nos llevan a preocuparnos y temer, y esto nos desafía y nos pone a prueba. Incluso podría ser diferente de lo que esperábamos. En medio de esas dificultades, a menudo recurrimos a ídolos que nos den un nuevo aliento de vida y esperanza. En los capítulos anteriores, mencioné algunos ídolos que las madres suelen adorar, pero sin duda hay más que los pocos mencionados. Puesto que cualquier cosa puede ser un ídolo, no hay un libro que los describa a todos.

Espero que, al leer este libro, hayas visto tu corazón y los ídolos que adoras de una manera que nunca antes los hayas visto. Quizás has sentido el aguijón de la convicción del Espíritu. Tal vez has sentido pena por la forma en que has dejado tu primer amor —tu Hacedor y Creador— para ir tras falsos amores. Te preguntarás, ¿y ahora qué? Una vez que vemos y reconocemos la forma en que buscamos un aliento de vida, esperanza y significado en las cosas creadas en lugar de buscarlas en Dios, ¿qué hacemos? Y lo más importante, ¿cómo derrotamos a nuestros ídolos?

Este capítulo y el siguiente tratan justamente sobre este tema.

Conciencia del corazón

En mi familia, la enfermedad cardíaca es hereditaria. Perdí a un pariente por un ataque cardíaco y vi a otro pasar por una cirugía de *bypass* cuádruple. A cierta edad, parece que todos en mi familia comienzan a mostrar síntomas. El análisis de sangre anual revelará un aumento en el colesterol. Comenzará a aumentar la presión arterial y a acumularse placa en las arterias. En cada etapa, los médicos nos aconsejan y ayudan a hacer lo necesario para tener un corazón sano.

Para aquellos que tienen una enfermedad cardíaca, existen medidas preventivas que ayudan a mantener el corazón sano, así como procedimientos médicos para limpiar las arterias obstruidas y prevenir un ataque cardíaco. El ejercicio y la dieta son importantes. Se recomienda consumir grasas saludables, como el pescado. Un médico puede recomendar suplementos para aumentar las grasas buenas o medicamentos para reducir el colesterol. Cuando sea necesario, los médicos pueden recomendar procedimientos quirúrgicos (como insertar un *stent* para abrir una arteria) o una cirugía invasiva (como una cirugía de *bypass*).

La enfermedad cardíaca es un problema médico tan

importante que en los Estados Unidos hay un mes entero dedicado a tomar conciencia del corazón. Enseñar y educar al público sobre los signos, los síntomas y el tratamiento de la enfermedad cardíaca contribuye, en gran medida, a promover la salud del corazón y prevenir los ataques cardíacos.

De manera similar, cuando se trata de nuestro corazón no físico, el alma de quienes somos, también necesitamos tomar conciencia. Necesitamos entender la condición de nuestro corazón. Necesitamos conocer nuestra tendencia a erigir y adorar ídolos. Necesitamos examinar profundamente nuestro corazón y ver los ídolos que hemos establecido en el trono de nuestro corazón. De eso trata este libro: ayudarnos a tener una conciencia cada vez mayor de nuestra idolatría.

Mientras vivamos en este mundo caído, mientras exista el pecado, lucharemos contra la idolatría.

Al igual que nuestra salud física, tal conciencia no es algo para hacerlo una sola vez. No iríamos al médico para hacernos un examen de rutina y, al enterarnos de que tenemos un problema de salud que necesita tratamiento, no regresar nunca. Acudimos al médico para realizarnos exámenes de rutina, para el cuidado periódico y tratamiento de afecciones actuales y para detectar nuevos problemas de salud. Lo mismo sucede con nuestra vida espiritual. Podemos darnos cuenta de que adoramos al ídolo del control hoy, pero al próximo año descubrir que hemos recurrido a adorar al ídolo del éxito. Mientras vivamos en este mundo caído, mientras exista el pecado, lucharemos contra la idolatría. Por lo tanto, debemos permanecer alertas y vigilantes de nuestro corazón.

El primer paso es la conciencia del corazón. Necesitamos tomar conciencia del contenido de nuestro propio corazón. Tómate un momento para examinar tus pensamientos, emociones, motivaciones, anhelos y deseos. Revisa la lista del capítulo 4 y úsala para examinar tu corazón. Si no estás segura de la idolatría de tu corazón, tómate un momento ahora para orar y pedir al Espíritu que te lo revele. Haz la oración de David: "Examíname, oh Dios, y conoce mi corazón; pruébame y conoce mis pensamientos; y ve si hay en mí camino de perversidad, y guíame en el camino eterno" (Salmos 139:23-24).

Quita los ídolos de tu corazón

Quizás al leer este libro, de inmediato te diste cuenta de los ídolos que adoras. Siempre que identificamos el pecado en nuestra vida, necesitamos confesar nuestro pecado y recibir el perdón de Dios: "Si confesamos nuestros pecados, él es fiel y justo para perdonar nuestros pecados, y limpiarnos de toda maldad" (1 Juan 1:9). David confirmó que esta promesa es verdadera: "Mi pecado te declaré, y no encubrí mi iniquidad. Dije: Confesaré mis transgresiones a Jehová; y tú perdonaste la maldad de mi pecado" (Salmos 32:5). Todos nuestros pecados son lavados con la sangre de nuestro Salvador.

La confesión implica sinceridad. Ser sinceras con nosotras mismas y con Dios. Admitir con toda confianza lo que hemos hecho. No excusarnos ni culpar a otros por ello. No minimizarlo. Describirlo y nombrarlo por el verdadero mal que es. Tal confesión también implica humildad. Debemos humillarnos ante el Señor. Debemos reconocer que Dios es Dios y no nosotras. Nuestro pecado, contra un Dios santo y justo, merece la muerte. Y luego deleitarnos en la gracia que se nos prodiga en Cristo.

Cuando se trata del pecado de idolatría, no solo debemos confesar que somos idólatras, sino también los ídolos específicos a los que nos hemos inclinado. Debemos confesar los sacrificios que hemos ofrecido a nuestros ídolos, los pecados que hemos cometido para celebrar y conservar esos ídolos, y la forma en que hemos postrado nuestro corazón a algo creado en lugar de hacerlo a nuestro Creador. Debemos confesar los anhelos y deseos pecaminosos de nuestro corazón, nuestras respuestas emocionales cuando nuestros ídolos han sido amenazados y la forma en que hemos buscado la esperanza y el gozo lejos de Dios.

La confesión siempre debe ir acompañada de arrepentimiento: apartarse del pecado. No solo debemos decir que estamos arrepentidas, y luego seguir por el mismo camino. Tenemos que alejarnos de nuestros ídolos. Tenemos que quitarlos de nuestro corazón. Elyse Fitzpatrick escribió: "El verdadero arrepentimiento implica odiar el pecado y alejarnos de él y de todos los planes de salvarnos a nosotros mismos… Solo cuando odie mi pecado tendré el deseo de luchar contra él".[1]

Cuando se trata del pecado de idolatría, no solo debemos confesar que somos idólatras, sino también los ídolos específicos a los que nos hemos inclinado.

1. Elyse M. Fitzpatrick, *Idols of the Heart: Learning to Long for God Alone,* ed. rev. (Phillipsburg, NJ: P&R Publishing, 2016), p. 201. Publicado en español con el título *Ídolos del corazón: Aprendiendo a anhelar solo a Dios*, Edición Kindle, por Poiema Publicaciones, 2014.

Alejarse del pecado a menudo implica una respuesta seria y drástica. Jesús dijo en el libro de Mateo: "Por tanto, si tu ojo derecho te es ocasión de caer, sácalo, y échalo de ti; pues mejor te es que se pierda uno de tus miembros, y no que todo tu cuerpo sea echado al infierno. Y si tu mano derecha te es ocasión de caer, córtala, y échala de ti; pues mejor te es que se pierda uno de tus miembros, y no que todo tu cuerpo sea echado al infierno" (Mateo 5:29-30). Jesús utiliza una hipérbole aquí para lograr un efecto. Y lo logra ¿verdad? Lo que este pasaje da a entender es que el pecado es un asunto serio y debemos tratarlo con seriedad. A veces puede implicar tomar algunas medidas drásticas con nuestro pecado. Por ejemplo, podría ser mantenernos alejadas de ciertas tiendas específicas, apagar la televisión, deshacernos de ciertos libros y cerrar nuestras cuentas de redes sociales. Podría implicar rendir cuenta de nuestros actos ante otros. Debería significar abrir nuestro corazón y confesar tales pecados a una amiga cristiana de confianza, porque solo cuando sacamos el pecado a la luz lo vemos como realmente es. Sin duda alguna, implica tomar cautivos nuestros pensamientos pecaminosos y hacerlos obedientes a Cristo. También implica arrancar de raíz a nuestros ídolos y huir de ellos: "Por tanto, amados míos, huid de la idolatría" (1 Corintios 10:14).

Pablo lo compara con la manera en que un atleta entrena su cuerpo para correr una carrera: "¿No sabéis que los que corren en el estadio, todos a la verdad corren, pero uno solo se lleva el premio? Corred de tal manera que lo obtengáis. Todo aquel que lucha, de todo se abstiene; ellos, a la verdad, para recibir una corona corruptible, pero nosotros, una incorruptible. Así que, yo de esta manera corro, no como a la ventura; de esta manera peleo, no como quien golpea el aire, sino que golpeo mi cuerpo, y lo pongo en servidumbre, no sea que habiendo sido heraldo para otros, yo mismo venga a ser eliminado" (1 Corintios 9:24-27). Cualquiera que se haya entrenado para un maratón comprende esta analogía; pero si no eres una corredora (yo no lo soy), considera el trabajo que has hecho y la disciplina que has tenido en otra área de tu vida, ya sea una meta profesional, una meta financiera, una meta educativa o alguna otra actividad para la cual trabajaste duro. Debemos entrenar y trabajar igual de duro para hacer morir nuestro pecado.

Este autocontrol no es como el del mundo. No se produce con hacer más esfuerzo y creer en uno mismo; sino, más bien, forma parte del fruto del Espíritu (Gálatas 5:23). Es un autocontrol que Dios nos da en su gracia. Tal control viene del poder de Cristo. Pablo escribió en Colosenses que él luchaba fortalecido por el poder de Cristo: "... para lo cual también trabajo, luchando según la potencia de él, la cual actúa poderosamente en mí" (Colosenses 1:29). Luchamos contra el pecado y la idolatría con todo lo que tenemos, pero no con nuestras propias fuerzas; luchamos con el poder de Dios que actúa en nosotras: "Pero si Cristo está en vosotros, el cuerpo en verdad está muerto a causa del pecado, mas el espíritu vive a causa de la justicia... porque si vivís conforme a la carne, moriréis; mas si por el Espíritu hacéis morir las obras de la carne, viviréis. Porque todos los que son guiados por el

Luchamos contra el pecado y la idolatría con todo lo que tenemos, pero no con nuestras propias fuerzas; luchamos con el poder de Dios que actúa en nosotras.

Espíritu de Dios, éstos son hijos de Dios" (Romanos 8:10, 13-14). Y el objetivo de este autocontrol no es un premio u honra terrenal, sino la gloria, la honra y la fama de Dios.

Guarda tu corazón

Al igual que nuestro corazón físico, necesitamos guardar nuestro corazón espiritual. Necesitamos vigilarlo. Necesitamos hacer exámenes regulares del corazón. Necesitamos ser conscientes de nuestra tendencia a adorar a dioses falsos y tener cuidado: "Sobre toda cosa guardada, guarda tu corazón; porque de él mana la vida" (Proverbios 4:23).

Sinclair Ferguson una vez creó un catecismo sobre el corazón en un artículo que escribió para la revista *Tabletalk*. Con un formato de catecismo, ideó preguntas y respuestas sobre el corazón. Una de tales preguntas y respuestas fue:

> P: ¿Cuáles son las cuatro cosas que Dios me aconseja hacer para guardar mi corazón para Él?
>
> R: Primero, debo guardar mi corazón como si todo dependiera de ello. Esto significa que debo mantener mi corazón como un santuario para la presencia del Señor Jesús y no permitir que entre nada ni nadie más.
>
> Segundo, debo mantener mi corazón sano con una dieta adecuada y fortalecerme con un régimen regular de la Palabra de Dios, mediante la lectura y meditación en su verdad; pero especialmente con el alimento de la predicación de la Palabra. También debo recordar que mi corazón tiene ojos y oídos. El Espíritu me muestra el bautismo como una señal de que llevo el nombre del trino Dios, mientras que la Cena del Señor aviva el amor del corazón por el Señor Jesús.

> Tercero, debo hacer ejercicio espiritual regular, porque mi corazón se fortalece con la adoración cuando todo mi ser se entrega a Dios en expresiones de amor y confianza en Él.
>
> Cuarto, debo entregarme a la oración, aferrar mi corazón a las promesas de Dios, descansar en su voluntad y pedir su gracia sustentadora, y no limitarme a hacerlo solo, sino también con otros para que podamos alentarnos mutuamente a mantener un corazón para Dios.[2]

Guardamos nuestro corazón de la adoración a los ídolos cuando aprendemos, conocemos, memorizamos y meditamos en la Palabra de Dios. La Palabra es poderosa. La verdad santifica (Juan 17:17). Cuando leemos y estudiamos las Escrituras, llega a lo más profundo de nuestro corazón. Discierne nuestros anhelos y deseos, nuestros ídolos y amores falsos. Cuanto más leemos su Palabra, más la usa el Espíritu para convencernos de pecado, cambiarnos y transformarnos a la imagen de Cristo: "Porque la palabra de Dios es viva y eficaz, y más cortante que toda espada de dos filos; y penetra hasta partir el alma y el espíritu, las coyunturas y los tuétanos, y discierne los pensamientos y las intenciones del corazón" (Hebreos 4:12).

Cuanto más leemos su Palabra, más la usa el Espíritu para convencernos de pecado, cambiarnos y transformarnos a la imagen de Cristo.

La Palabra de Dios es también nuestra vida. Moisés dijo al pueblo

2. Sinclair Ferguson, "A Catechism on the Heart", revista *Tabletalk* (enero de 2012), p. 65.

antes que entraran a la tierra prometida: "Aplicad vuestro corazón a todas las palabras que yo os testifico hoy, para que las mandéis a vuestros hijos, a fin de que cuiden de cumplir todas las palabras de esta ley. Porque no os es cosa vana; *es vuestra vida*, y por medio de esta ley haréis prolongar vuestros días sobre la tierra adonde vais, pasando el Jordán, para tomar posesión de ella" (Deuteronomio 32:46-47). Es como el pan que alimenta, nutre y sustenta nuestra alma.

También guardamos nuestro corazón cuando adoramos al Señor, tanto de manera privada como comunitaria. Cuando pasamos tiempo meditando en la bondad de Dios y respondemos en alabanza y adoración a Él, nuestro corazón se centra en el Dios vivo y verdadero, no en dioses falsos. Hacemos esto cuando nos tomamos un tiempo para responder en acción de gracias por las buenas dádivas que Dios nos ha prodigado. Acudir intencionalmente al Dador de todas las cosas buenas en agradecimiento nos ayuda a mantener nuestro corazón centrado en Él. Leer Salmos de alabanza y acción de gracias, y hacerlos nuestros, es una buena estrategia.

Cuando pasamos tiempo meditando en la bondad de Dios y respondemos en alabanza y adoración a Él, nuestro corazón se centra en el Dios vivo y verdadero, no en dioses falsos.

En la adoración pública, unirnos fielmente a nuestra comunidad de la iglesia cada semana y participar en este medio de la gracia, que Dios nos ha proporcionado, nos recuerda que la adoración es un acto santo y sagrado, reservado para el único Dios verdadero. Escuchar la Palabra predicada, participar de la Santa Cena, cantar alabanzas con nuestros hermanos y hermanas, orar por las necesidades de los demás y ser parte de la confesión comunitaria en el Día del Señor nos fortalece para luchar contra el pecado y vivir el evangelio.

Como señaló Ferguson, también debemos dedicarnos a la oración. No podemos luchar solas contra el pecado de la idolatría; necesitamos su gracia. Necesitamos estar en oración constante y pedir a Dios que nos ayude en esta lucha. Necesitamos orar por sabiduría y discernimiento para identificar a nuestros ídolos y saber cómo erradicarlos. En nuestras oraciones, debemos concentrar nuestro corazón en quién es Dios y en lo que ha hecho por nosotras en Cristo. Necesitamos confesar nuestra idolatría en oración y aplicar el evangelio a nuestro pecado. Debido a que somos parte del Cuerpo de Cristo, también debemos pedir a otras personas que oren por nosotras. Necesitamos participar en la oración comunitaria y unir nuestros corazones para buscar unánimes la voluntad y misericordia de Dios en nuestras vidas.

Una batalla constante

Como señalé anteriormente, aunque Cristo ha conquistado el poder del pecado en nuestra vida, la presencia del pecado todavía libra una batalla en nuestro corazón. Aunque hagamos las cosas enumeradas anteriormente (leer la Biblia, orar, adorar), seguiremos recurriendo a los ídolos para llenar el vacío y satisfacer los anhelos de nuestro corazón. Ciertamente, esta lucha contra la idolatría será una batalla de por vida. Como escribió Elyse Fitzpatrick: "Incluso como creyentes, con un nuevo corazón y deseos renovados, es imposible que alguno de nosotros ame a Dios perfectamente con todo nuestro corazón, con toda nuestra alma, con toda nuestra mente y con todas nuestras fuerzas debido al pecado que aún queda y nuestra incredulidad. Nuestro corazón siempre se sentirá atraído por las cosas que podemos ver, gustar y tocar, atraído por algo más que la fe en lo invisible. Siempre seremos tentados a adorar a algo que no sea Dios, amar algo más de lo que lo amamos a Dios, comprometer nuestra lealtad a otras deidades: ya sea a nosotros mismos como nuestro propio salvador o a alguien o algo que creemos que tiene el poder de hacernos verdaderamente felices".[3] Esta es la realidad de la vida cristiana en un mundo caído. Pablo expresó esto vívidamente en Romanos 7: "Porque lo que hago, no lo entiendo; pues no hago lo que quiero, sino lo que aborrezco, eso hago" (v. 15).

Puede ser desalentador. Algunos días, parece que estamos luchando una batalla perdida. Justo cuando pensamos que nos hemos alejado de un ídolo, nos damos cuenta de que estamos adorando a otro. Puede ser tentador rendirse o pensar que Dios nos ha abandonado. Sin embargo, Pablo nos da esperanza: "¡Miserable de mí! ¿quién me librará de este cuerpo de muerte? Gracias doy a Dios, por Jesucristo Señor nuestro. Así que, yo mismo con la mente sirvo a la ley de Dios, mas con la carne a la ley del pecado" (Romanos 7:24-25). Cristo venció el pecado por nosotros. Él es nuestro libertador. En nuestra lucha contra la idolatría, Cristo es el vencedor. Tenemos que ir a Él todos los días para recibir gracia y lavarnos nuevamente en el evangelio. Tenemos que recordar que no estamos solas, el Señor está con nosotras incluso en nuestros días más difíciles, y nunca nos abandona.

Hay gozo incluso en medio de la batalla. "Puedes alegrarte

3. Elyse Fitzpatrick, p. 167.

porque el Señor Jesús ya ha triunfado sobre tu pecado en la cruz, y un día serás completamente libre. Sin embargo, al mismo tiempo, puedes protegerte de los pensamientos, deseos o inclinaciones engañosas de tu corazón. Puedes luchar contra la incredulidad y entregarte continuamente a la misericordia de Dios".[4] Dios es rico en misericordia, y su gracia y misericordia por nosotras nos mantiene y nos sostiene en la lucha.

En efecto, Dios no nos llama a luchar contra el pecado para luego no proporcionarnos los recursos para luchar contra este. No nos deja solas en esta batalla. En 2 Pedro leemos que Dios nos ha dado todo lo que necesitamos para vivir para Él: "Como todas las cosas que pertenecen a la vida y a la piedad nos han sido dadas por su divino poder, mediante el conocimiento de aquel que nos llamó por su gloria y excelencia" (2 Pedro 1:3). No nos deja con las manos vacías; nos proporciona todo lo que necesitamos. Él nos da su Espíritu que obra en nosotras para producir el querer como el hacer conforme a sus propósitos para nuestra vida (Filipenses 2:13).

Dios es rico en misericordia, y su gracia y misericordia por nosotras nos mantiene y nos sostiene en la lucha.

Incluso en nuestros momentos más débiles, cuando parece imposible ganar la batalla contra la idolatría, el Espíritu está obrando en nosotras, para volvernos a hacer, formar y moldear. Nada le impedirá cumplir su voluntad en nuestra vida: "Porque somos hechura suya, creados en Cristo Jesús para buenas obras, las cuales Dios preparó de antemano para que anduviésemos en

4. Ibíd.

ellas" (Efesios 2:10). No solo eso, sino que Dios *terminará* la obra que comenzó en nosotras (Filipenses 1:6). Él nos sostendrá hasta el final (1 Corintios 1:8). Esto nos da esperanza en esta batalla. Un día cruzaremos la línea de meta y recibiremos la corona de la vida. Seremos santas, perfectas y completas, un bello reflejo de nuestro Salvador. Ciertamente anhelo ese día, ¿y tú?

Preguntas para el corazón de una madre

1. Lee Efesios 4:17-32. Según Pablo, ¿cómo es nuestra vida anterior a Cristo? ¿Cómo es ahora?

____

____

____

2. Lee Colosenses 3:1-17. ¿De qué cosas dice Pablo que debemos despojarnos? ¿De qué dice que debemos revestirnos? ¿Y por qué podemos hacerlo? (pista: volver a leer los versículos 1 y 3).

____

____

____

____

3. Lee la confesión de David en el Salmo 51 y hazla tuya.
4. Haz una lista de cosas por las que puedes agradecer a Dios hoy. Luego presenta esa lista en oración y adoración a Dios por su bondad y fidelidad contigo en Cristo.

____

____

____

____

____

Oración desde el corazón de una madre

Padre celestial:

Cada vez veo más la verdadera condición de mi corazón. Espíritu Santo, gracias por ayudarme a ver los ídolos en mi corazón. Ayúdame a estar cada vez más consciente de lo que hay en él. Te pido que me ayudes a despojarme de mi antigua manera de vivir y a revestirme con mi nueva vida en Cristo.

Perdóname por no alimentarme de la Palabra. Perdóname por no orar. Perdóname por no guardar mi corazón. Oro para poder prevalecer en esta batalla y luchar contra el pecado de la idolatría. Que pueda usar los medios que me has proporcionado para alimentar y nutrir mi corazón con tu gracia y tu verdad.

Me gozo porque, gracias a Jesús, terminarás lo que has comenzado en mí. Me harás como Cristo. Borrarás todo mi pecado. Te doy gracias porque algún día esta batalla terminará. ¡Ven pronto, Señor Jesús!

En el dulce nombre de Jesús,

Amén.

11

VOLVAMOS NUESTRA MIRADA A CRISTO

Cuando mis hijos eran pequeños, les enseñé el concepto del arrepentimiento mediante un juego en el cual los hacía dar la espalda a una pared y mirar hacia la pared opuesta. Para arrepentirnos del pecado, no solo debemos dejar las malas acciones, sino volver nuestra mirada a otra cosa, a otra persona: Dios.

En el capítulo anterior, hablamos de abandonar nuestros ídolos y quitarlos de nuestro corazón. También vimos la salud del corazón y los pasos específicos que podemos dar para guardar nuestro corazón de la idolatría. Todas esas cosas son buenas e importantes, pero no sirven si no hacemos también lo que vamos a ver en este capítulo: volver nuestra mirada *a* Cristo.

Tim Keller señala que la única forma de quitar un ídolo

es reemplazarlo por un mayor amor por Cristo: "Jesús debe ser más hermoso para tu imaginación, más cautivante para tu corazón, que tu ídolo. Eso es lo que reemplazará a tus dioses falsos. Si arrancas al ídolo y no 'plantas' el amor de Cristo en su lugar, el ídolo volverá a crecer".[1] Cristo debe convertirse en nuestro tesoro, lo que amamos y valoramos más que cualquier otra cosa. De lo contrario, si quitamos un ídolo y no volvemos nuestra mirada a Cristo, solo estaremos reemplazando el ídolo que eliminamos por otro ídolo.

Probablemente, todas hemos tenido esta experiencia en nuestra fe en algún momento. Por ejemplo, tal vez nos dimos cuenta de que nos habíamos vuelto materialistas y que pasábamos demasiado tiempo concentradas en acumular cosas. Nos obsesionamos con tener los últimos dispositivos electrónicos y lo que estaba de moda. Con el tiempo, descubrimos que nos endeudamos para alimentar nuestro materialismo. Sentimos convicción de pecado y nos arrepentimos; pero, en lugar de reemplazar el amor a las posesiones por el amor a Cristo, recurrimos a otra cosa. Quizás fuimos en la dirección opuesta, por lo cual nos deshicimos de nuestras posesiones y optamos por vivir de manera sencilla. Sin embargo, luego comenzamos a despreciar a aquellos que tenían posesiones materiales. Es fácil pasar de un ídolo a otro, en este caso pasar del ídolo del materialismo al de la sencillez.

A veces no vacilamos en absoluto y, en cambio, reemplazamos nuestro ídolo por algo completamente distinto. Tal

1. Timothy Keller, *Counterfeit Gods: The Empty Promises of Money, Sex, and Power, and the Only Hope that Matters* (Nueva York, NY: Dutton, 2009), p. 172. Publicado en español por Editorial Vida con el título *Dioses falsos: Las huecas promesas del dinero, el sexo y el poder, y la única esperanza verdadera.*

vez erradicamos el ídolo de la comodidad y dejamos de comer de manera compulsiva frente al televisor; pero, al poco tiempo, encontramos otro amor diferente. Tal vez fue la salud y nos obsesionamos con hacer ejercicio y comer ciertos alimentos. O tal vez fue nuestro trabajo al que volvimos nuestra mirada y nos concentramos en tener éxito en nuestro campo de acción. El ídolo de cada persona es diferente, pero todas respondemos de la misma manera: si no adoramos a Cristo, adoraremos otra cosa.

> *Si quitamos un ídolo y no volvemos nuestra mirada a Cristo, solo estaremos reemplazando el ídolo que eliminamos por otro ídolo.*

Entonces, ¿cómo llegar a ser Cristo nuestro tesoro? ¿Cómo amarlo y adorarlo en lugar de recurrir a otro ídolo?

Conocerlo es amarlo

Cuando conoces por primera vez a una nueva amiga o comienzas una relación de pareja, si disfrutas de la compañía de esa persona, buscarás más oportunidades para estar con ella. Quizás hables de gustos afines e intereses en común. Podrías hablar sobre experiencias de la infancia y pasatiempos actuales. A medida que pasa el tiempo y cuanto más conoces a la otra persona, puede que comiences a hablar de tus esperanzas y sueños, tus angustias y penas del pasado, y qué tipo de persona anhelas ser. Cuanto más conoces a la otra persona, más te preocupas por ella.

De manera similar, cuanto más conocemos a Cristo, más crecemos en nuestro amor por Él. Esto sucede cuando conocemos su carácter y quién es Él. Sucede a medida que aprendemos más sobre lo que hizo en nuestras vidas y en la vida de los demás. Sucede cuando escuchamos lo que Él dice y sabemos qué es importante para Él. Sucede cuando estamos en su presencia y experimentamos su gracia sobre nuestra vida.

El ídolo de cada persona es diferente, pero todas respondemos de la misma manera: si no adoramos a Cristo, adoraremos otra cosa.

Como cualquier otra relación, tenemos que pasar tiempo con Cristo para conocerlo. La mejor manera de hacerlo es a través de la lectura y el estudio de su Palabra. La Biblia contiene todo lo que necesitamos saber sobre Él. Podemos leer las palabras que Él dijo en los Evangelios. Podemos leer, en las epístolas y las cartas pastorales, el testimonio de aquellos que pasaron tiempo con Él. Podemos leer las promesas y profecías del Antiguo Testamento sobre lo que Él haría y quién llegaría a ser. Si quieres conocer a Cristo, lee la Biblia. Y, al conocer a Cristo, conocerás a Dios.

Jesús hizo muchas afirmaciones sobre quién era, incluido el gran número de veces que declaró "Yo soy" en el libro de Juan. Vale la pena leer lo que Él dice sobre sí mismo.

Es la luz del mundo: "Yo soy la luz del mundo; el que me sigue, no andará en tinieblas, sino que tendrá la luz de la vida" (Juan 8:12).

Es el pan de vida: "Yo soy el pan de vida; el que a mí viene, nunca tendrá hambre; y el que en mí cree, no tendrá sed jamás" (Juan 6:35).

Es el camino, la verdad y la vida: "Yo soy el camino, y la verdad, y la vida; nadie viene al Padre, sino por mí" (Juan 14:6).

Es el buen pastor: "Yo soy el buen pastor; el buen pastor su vida da por las ovejas" (Juan 10:11).

Es la resurrección: "Yo soy la resurrección y la vida; el que cree en mí, aunque esté muerto, vivirá. Y todo aquel que vive y cree en mí, no morirá eternamente" (Juan 11:25-26).

Es la vid: "Yo soy la vid, vosotros los pámpanos; el que permanece en mí, y yo en él, éste lleva mucho fruto; porque separados de mí nada podéis hacer" (Juan 15:5).

Es Dios: "De cierto, de cierto os digo: Antes que Abraham fuese, yo soy" (Juan 8:58).

La Biblia también nos enseña sobre lo que Cristo hizo. Todas estas verdades constituyen las buenas nuevas del evangelio, el fundamento de nuestra fe.

Vivió una vida perfecta: "Porque no tenemos un sumo sacerdote que no pueda compadecerse de nuestras debilidades, sino uno que fue tentado en todo según nuestra semejanza, pero sin pecado" (Hebreos 4:15).

Se hizo pecado por nosotros: "Al que no conoció pecado, por nosotros lo hizo pecado, para que nosotros fuésemos hechos justicia de Dios en él" (2 Corintios 5:21).

Murió por nosotros: "Mas él herido fue por nuestras rebeliones, molido por nuestros pecados; el castigo de nuestra paz fue sobre él, y por su llaga fuimos nosotros curados" (Isaías 53:5).

Resucitó por nosotros: "... fue entregado por nuestras transgresiones, y resucitado para nuestra justificación" (Romanos 4:25).

Nos dio su Espíritu: "Y yo rogaré al Padre, y os dará otro Consolador, para que esté con vosotros para siempre: el Espíritu de verdad, al cual el mundo no puede recibir, porque no le ve, ni le conoce; pero vosotros le conocéis, porque mora con vosotros, y estará en vosotros" (Juan 14:16-17).

Intercede por nosotros: "Cristo es el que murió; más aun, el que también resucitó, el que además está a la diestra de Dios, el que también intercede por nosotros" (Romanos 8:34).

Nos está preparando un lugar en la eternidad: "Y si me fuere y os preparare lugar, vendré otra vez, y os tomaré a mí mismo, para que donde yo estoy, vosotros también estéis" (Juan 14:3).

Estas verdades acerca de Cristo y de quién es Él son verdades de las que necesitamos impregnar nuestro corazón. Debemos permanecer y meditar en ellas. Necesitamos repasarlas en nuestra mente en todo momento. Algunos lo llaman "predicarse el evangelio". Cuanto más meditemos en estas verdades, cuanta más consciencia tengamos del amor de Dios por nosotros en Cristo, más pequeños serán nuestros ídolos en comparación. "Nuestro corazón solo es destetado de nuestros ídolos por el poder de un amor más fuerte, el poder del amor del Padre por nosotros en el evangelio".[2]

La sorprendente maravilla y gracia del evangelio no es que nosotros nos mantenemos fuertemente sujetos a Dios, sino que Dios nos tiene sujetos a Él. Debido a que somos seres pecadores y caídos, habrá momentos en que olvidaremos estas verdades. Olvidaremos quién es Él y lo que hizo. No lo amaremos con todo nuestro

La sorprendente maravilla y gracia del evangelio no es que nosotros nos mantenemos fuertemente sujetos a Dios, sino que Dios nos tiene sujetos a Él.

2. Elyse M. Fitzpatrick, *Idols of the Heart: Learning to Long for God Alone*, Edición revisada (Phillipsburg, NJ: P&R Publishing, 2016), p. 217. Publicado en español por Poiema Publicaciones con el título *Ídolos del corazón: Aprendiendo a anhelar solo a Dios*.

corazón y, en su lugar, erigiremos dioses falsos para amar y servir. Sin embargo, Dios nunca nos suelta. Nuestra seguridad no está basada en cuán fuerte es nuestra fe o con qué frecuencia leemos la Biblia o cuánto amamos a Dios; más bien, descansa en la obra de Cristo por nosotros. Es porque Él nos mantiene sujetos, que estamos seguros, no porque nosotros estemos sujetas a Él: "Por lo cual estoy seguro de que ni la muerte, ni la vida, ni ángeles, ni principados, ni potestades, ni lo presente, ni lo por venir, ni lo alto, ni lo profundo, ni ninguna otra cosa creada nos podrá separar del amor de Dios, que es en Cristo Jesús Señor nuestro" (Romanos 8:38-39). Nada puede separarnos del amor de Dios por nosotros, ni siquiera nuestra fe débil y voluble, ni nuestro corazón idólatra.

Alégrate en esta verdad, querida amiga. La misericordia de Dios es nueva y fresca cada día. Cuando te mantengas firme contra la idolatría, da gracias a Dios porque su gracia te permite permanecer firme. Cuando tropieces y te vuelvas a un ídolo, arrepiéntete y descansa en el evangelio de la gracia que te rescata. Y todos los días, ve a Cristo en amor y acción de gracias por quién es Él y lo que hizo por ti.

Respondamos en adoración

Aquello que deseemos y anhelemos es lo que adoraremos. Lo hemos aprendido en nuestro estudio de la idolatría. Por eso es tan importante comprender el gran amor de Dios por nosotros en Cristo. Cuanto más sepamos del amor de Dios, menos podremos evitar responder con amor, alabanza y acción de gracias. Cuando volvamos a Dios con temor y respeto y nos maravillemos por lo que Él hizo, lo adoraremos en lugar de adorar a falsos ídolos.

Elyse Fitzpatrick señala: "Un corazón lleno de pensamientos sobre la belleza, la bondad, la santidad, la majestad, la gloria y la gracia de Dios no tiene espacio para falsificaciones e, inevitablemente, irrumpirá con fervientes alabanzas".[3] Como escribió el salmista: "En mi corazón he guardado tus dichos, para no pecar contra ti" (Salmos 119:11). Aquello con lo que llenamos nuestro corazón se desbordará en nuestras acciones y en nuestra adoración.

El libro de los Salmos es un libro de adoración en la Biblia. Es el himnario que los israelitas usaban en su adoración, tal como hoy cantamos nuestros himnos y cánticos espirituales en la iglesia. Los Salmos se usaban en todas las etapas de la vida, tanto en los buenos como en los malos tiempos, tanto en los tiempos de temor y perturbación como en los tiempos de alegría y paz. No importaba lo que sucediera en la vida del pueblo de Dios, había un cántico para cantar a Dios.

Cuando volvamos a Dios con temor y respeto y nos maravillemos por lo que Él hizo, lo adoraremos en lugar de adorar a falsos ídolos.

Los Salmos nos enseñan mucho sobre nuestra propia adoración, y no me refiero a la adoración formal de los domingos por la mañana. Me refiero a las inclinaciones, los anhelos y los deseos de nuestro corazón. Los salmos nos muestran cómo disciplinar nuestro corazón para Dios en acción de gracias y alabanza. Nos dan palabras para cantar en nuestro corazón a Dios. Nos recuerdan lo que es verdad. Glorifican y exaltan a Dios y nos ayudan a ver más

3. Ibíd., p. 226.

de su maravilla y majestad. Los salmos nos ayudan a atesorar a Dios.

Los teólogos a menudo agrupan salmos individuales en géneros o tipos de salmos. Esto se debe a que salmos individuales a menudo tienen diferentes tonos y propósitos. Sin embargo, hay algo que podemos aprender de todos los salmos acerca de la adoración y la alabanza a Dios. Aunque hay algunos géneros diferentes, me voy a centrar en tres.

Cuando les iba bien en la vida, los israelitas cantaban cánticos de alabanza.[4] Estos cánticos estaban centrados en lo que Dios había hecho en el pasado, especialmente en su rescate de la esclavitud en Egipto. También hablan de Dios como Creador, sustentador y proveedor de todas las cosas. En Salmos 68:7-8, el salmista escribió: "Oh Dios, cuando tú saliste delante de tu pueblo, cuando anduviste por el desierto, la tierra tembló; también destilaron los cielos ante la presencia de Dios; aquel Sinaí tembló delante de Dios, del Dios de Israel". Nosotros también podemos alabar a Dios por nuestra propia liberación mientras nos detenemos a pensar en lo que Cristo hizo por nosotros en la cruz y cómo nos rescató de nuestro pecado. En el Salmo 33, el salmista alabó a Dios por las obras y maravillas que Él hizo: "Por la palabra de Jehová fueron hechos los cielos, y todo el ejército de ellos por el aliento de su boca. Él junta como montón las aguas del mar; él pone en depósitos los abismos. Tema a Jehová toda la tierra; teman delante de él todos los habitantes del mundo. Porque él dijo, y fue hecho; él mandó, y existió" (vv. 6-9). Considera la

---

4. Para mayor información sobre los Salmos, recomiendo *Joy Comes in the Morning: Psalms for All Seasons* escrito por Mark Futato (Phillipsburg, NJ: P&R Publishing, 2004).

creación de Dios y las obras de sus manos. Alábalo y adóralo como el Creador.

Los israelitas cantaban cánticos de acción de gracias cuando Dios los rescataba y los libraba de un problema o inminente juicio. En el Salmo 18, David escribió sobre la liberación de Dios de manos de Saúl. Alabó y agradeció a Dios por ser su refugio: "Me libró de mi poderoso enemigo, y de los que me aborrecían; pues eran más fuertes que yo. Me asaltaron en el día de mi quebranto, mas Jehová fue mi apoyo. Me sacó a lugar espacioso; me libró, porque se agradó de mí" (vv. 17-19).

Aquello con lo que llenamos nuestro corazón se desbordará en nuestras acciones y en nuestra adoración.

Los salmos de acción de gracias a menudo invitan y cuentan a los demás las buenas noticias de lo que Dios ha hecho: "He anunciado justicia en grande congregación; he aquí, no refrené mis labios, Jehová, tú lo sabes. No encubrí tu justicia dentro de mi corazón; he publicado tu fidelidad y tu salvación; no oculté tu misericordia y tu verdad en grande asamblea" (Salmos 40:9-10). Tenemos mucho que agradecer a Dios en nuestras vidas y, con demasiada frecuencia, no lo hacemos. Tómate un momento para considerar y pensar en la bondad de Dios para ti cada día y da gracias a Dios por ello. Habla a otros sobre la bondad de Dios e invítalos a que se regocijen contigo.

Incluso los salmos más tristes, los lamentos, se vuelven a Dios en acción de gracias, alabanza y adoración. Son salmos escritos por quienes estaban llenos de miedo, tristeza o desesperación. Los escritores a menudo sentían que Dios los había olvidado, pero aun así clamaban a Dios y pedían su ayuda y liberación. En los lamentos, los escritores a menudo se referían a Dios como su refugio, roca y libertador. Al hacerlo, recordaban quién es Dios y su fidelidad hacia ellos: "Jehová es mi luz y mi salvación; ¿de quién temeré? Jehová es la fortaleza de mi vida; ¿de quién he de atemorizarme?" (Salmos 27:1). Casi todos los lamentos terminan con una respuesta de confianza y adoración. Es posible que los salmistas no recibieran aún una respuesta a sus oraciones, pero cuando volvían su mirada a Dios, y clamaban a Él para que los rescatara y los ayudara, sabían que los escucharía y que respondería: "Mas yo en tu misericordia he confiado; mi corazón se alegrará en tu salvación. Cantaré a Jehová, porque me ha hecho bien" (Salmos 13:5-6).[5]

Considera leer y estudiar los Salmos por ti misma y úsalos para alabar y adorar a Dios. Memorízalos y atesóralos en tu corazón. Úsalos para recordarte la bondad y el amor de Dios por ti.

Goza de Dios

Cuando comenzamos este libro, hablamos de nuestro propósito y para qué nos hizo Dios. Si recuerdas, me referí a la Confesión de fe de Westminster y su definición de nuestro propósito en la vida: glorificar a Dios y gozar de Él para siempre.

Ahora que hemos explorado la idolatría y los ídolos específicos del corazón de una madre y hemos buscado formas de erradicar tales ídolos, debemos terminar volviendo a nuestro

5. Para leer más sobre los lamentos, mi libro *A Heart Set Free: A Journey to Hope Through the Psalms of Lament* (Ross-Shire, Escocia: Christian Focus, 2016) trata sobre la aplicación práctica de la estructura de los lamentos a tu propia vida de oración.

principal fin en la vida. Cuando llenamos nuestra mente y nuestro corazón con pensamientos sobre la bondad, la santidad, la verdad, la maravilla y la majestad de Dios, terminamos por alejarnos de nuestros ídolos y volvernos a Aquel que nos hizo. Nuestro corazón inquieto finalmente se calma en la presencia de Aquel que llena el abismo de nuestro corazón. Cuando gozamos de Dios, de quién es Él y lo que hizo, es allí cuando lo glorificamos. Y vivimos para adorarlo tal como Dios nos ha creado

Permíteme terminar con este salmo de David. Es un buen resumen y recordatorio del vacío de la idolatría y la fuente del verdadero gozo.

Salmo 16

Guárdame, oh Dios, porque en ti he confiado.

Oh alma mía, dijiste a Jehová:
Tú eres mi Señor;
No hay para mí bien fuera de ti.

Para los santos que están en la tierra,
Y para los íntegros, es toda mi complacencia.

Se multiplicarán los dolores de aquellos que sirven
diligentes a otro dios.
No ofreceré yo sus libaciones de sangre,
Ni en mis labios tomaré sus nombres.

Jehová es la porción de mi herencia y de mi copa;
Tú sustentas mi suerte.
Las cuerdas me cayeron en lugares deleitosos,
Y es hermosa la heredad que me ha tocado.

Bendeciré a Jehová que me aconseja;
Aun en las noches me enseña mi conciencia.
A Jehová he puesto siempre delante de mí;
Porque está a mi diestra, no seré conmovido.
Se alegró por tanto mi corazón, y se gozó mi alma;
Mi carne también reposará confiadamente;
Porque no dejarás mi alma en el Seol,
Ni permitirás que tu santo vea corrupción.

Me mostrarás la senda de la vida;
En tu presencia hay plenitud de gozo;
Delicias a tu diestra para siempre.

Preguntas para el corazón de una madre

1. ¿Por qué la confesión y el arrepentimiento no son suficientes para erradicar los ídolos de nuestro corazón? ¿Qué necesitamos plantar en nuestro corazón?

____

____

____

____

2. Selecciona dos verdades sobre Cristo para meditar hoy.

____

____

____

3. Lee el Salmo 33. ¿Qué dice el salmista sobre quién es Dios y qué hizo?

____

____

____

4. Lee el Salmo 119. ¿Cómo describe el salmista la Palabra de Dios? ¿Por qué meditar en la Palabra de Dios nos aleja del pecado?

____

____

____

____

Una oración desde el corazón de una madre

Padre celestial:

Al considerar todas estas verdades del evangelio acerca de quién es Cristo y lo que hizo por mí, no puedo más que humillarme y caer de rodillas. Estoy asombrada y maravillada por tu gracia y tu amor. Te doy gracias y te alabo por tu gran amor. Gracias por no estar condicionado por mi propio amor o mis acciones, sino por tu perfecto amor. Perdóname por no descansar en el evangelio. Perdóname por apartar los ojos de ti. Abrázame, sujétame y sostenme hasta ese día cuando regreses para llevarme al hogar.

En el nombre de Jesús,

Amén.

EDITORIAL PORTAVOZ

NUESTRA VISIÓN

Maximizar el efecto de recursos cristianos de calidad que transforman vidas.

NUESTRA MISIÓN

Desarrollar y distribuir productos de calidad —con integridad y excelencia—, desde una perspectiva bíblica y confiable, que animen a las personas a conocer y servir a Jesucristo.

NUESTROS VALORES

Nuestros valores se encuentran fundamentados en la Biblia, fuente de toda verdad para hoy y para siempre. Nosotros ponemos en práctica estas verdades bíblicas como fundamento para las decisiones, normas y productos de nuestra compañía.

Valoramos la excelencia y la calidad.
Valoramos la integridad y la confianza.
Valoramos el mérito y la dignidad de los individuos y las relaciones.
Valoramos el servicio.
Valoramos la administración de los recursos.